はじめに

本テキストは、中国語を学ぶ人のための初級テキストで⸺＿＿＿＿＿年に出版した『大学生活 中国語基礎 改訂版』を基に、中国語の授業を担当する教員や学生の意見・提案を取り入れて修正し、第15課から20課を全面的に書き直した上で、新しいテキストとして出版する運びとなりました。今回の出版に際して、文法項目と語句をさらに吟味し、よりシンプルに効率よく学習できるように工夫しました。

本テキストの主な構成は発音編と文法編の2つの部分からなっています。発音編は5課あります。各課には発音の説明やポイントの他、練習やドリルも多く用意されています。発音編の学習を通して、発音の難関を乗り越え、正しい発音の基礎をしっかりと築くことができるよう願っています。

文法編は20課あります。各課は会話文、新出語句、文法及び例文、補充語句、ドリルの5項目からなっています。会話文は8行で構成し、大学生活というテーマを中心に、2人の日本人大学生が日常の学習や生活についてバラエティーに富んだ会話を展開しています。文法及び例文の部分は4つ〜5つの文法、1つの文法に基本的には3つの例文で構成し、基礎文法の整合性を考慮し、また難易度も配慮しながら、関連項目をまとめています。例文と補充語句には使用頻度の高い語句の他、「東京スカイツリー」のような新語も取り入れています。ドリルは5種類20問で構成し、リスニングの練習や文法と語順の練習、また日中翻訳の訓練など豊富な形式のドリルが用意されています。

本テキストの勉強を通じて、中国語の読む、聞く、話す、書くの基本技能を学び、初級レベル以上の中国語能力を身につけることを願っています。

本テキストの執筆者は全員、長年にわたって日本の各大学で中国語の教育に携わってきました。中国語教育の第一線で積んできた経験を生かしながらこのテキストを作り上げたのです。

筆者の勤務先創価大学の上司や同僚よりご支持、激励をいただきました。白帝社の十時真紀さんには、編集を担当していただき、貴重なアドバイスと細かい編集作業をしていただきました。ご支援、ご協力くださった皆さん、お世話になった方々に心より感謝申し上げます。

本テキストを執筆した2018年は「日中平和友好条約」締結40周年の記念すべき年です。日中関係は数年間紆余曲折の道を経て正常状態に戻りました。日中平和友好のために本テキストを捧げたいと思います。

汪　鴻祥

2019年3月吉日　東京八王子に於いて

音声ファイルダウンロードについて

■ 『大学生会話 中国語基礎』の音声ファイル（MP3）をダウンロードすることができます。「白帝社」で検索、または下記サイトにアクセスしてください。

http://www.hakuteisha.co.jp/news/n28290.html

■ 本文中の $\quad$ A00 マークの箇所が音声ファイル（MP3）提供箇所です。パソコンやスマートフォン（別途解凍アプリが必要）などにダウンロードしてご利用ください。ファイルはZIP 形式で圧縮された形でダウンロードされます。

　　　　吹込：凌慶成、王京蒂

■ 本書と音声は著作権法で保護されています。

ご注意

＊ デジタルオーディオプレーヤー等に転送して聞く場合は、各製品の取り扱い説明書やヘルプ機能によってください。

＊ 各機器と再生ソフトに関する技術的な質問は、各メーカーにお願いいたします。

品詞表（词类表）

名	名詞（名词）		数量	数量詞（数量词）
代	代詞（代词）		副	副詞（副词）
動	動詞（动词）		前	前置詞（介词）
助動	助動詞（助动词）		接	接続詞（连词）
形	形容詞（形容词）		助	助詞（助词）
数	数詞（数词）		感	感嘆詞（叹词）
量	量詞（量词）			

大学生会話
中国語基礎

『大学生会話 中国語基礎』編集委員会 編著

汪鴻祥 主編

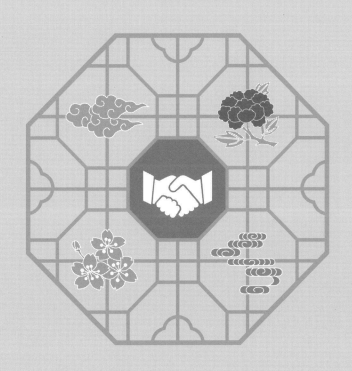

白帝社

目　次

文法編

中国の基本データ

- **面　　積**：約 960 万平方キロメートル
- **人　　口**：約 14 億人（2017 年）
- **民　　族**：漢民族約 92%、55 の少数民族約 8%
- **宗　　教**：仏教、道教、イスラム教、カトリック、プロテスタント
- **言　　語**：漢語、及びチベット語、ウイグル語、モンゴル語など少数民族言語
- **首　　都**：北京、人口約 2170 万人（2017 年）
- **行政区画**：23 の省、5 つの自治区、4 つの直轄市、2 つの特別行政区
- **立法機構**：全国人民代表大会（国会）
- **行政機構**：国務院（内閣）
- **Ｇ Ｄ Ｐ**：約 82.7 兆元＝約 1420 兆円（2017 年）
- **外貨準備**：約 3.1 兆ドル＝約 350 兆円（2017 年）
- **通　　貨**：元。国際表記はＲＭＢまたは¥。1 元＝ 10 角、1 角＝ 10 分

中国語の基本知識

1　**現代中国の共通語 ―“普通话 pǔtōnghuà”**

　　中国語は世界で最も古い言語の 1 つであり、国連や他の国際機構の公用語として用いられている世界の主言語の 1 つである。

　　中国語とは中国で“普通话”と呼んでいる。つまり中国全土で普く通じる共通語である。“普通话”は北京語音を基準音とし、北方語の語彙を基礎とし、現代白話文の代表的な著作の文法を標準文法とする現代中国語である。

2 中国語の発音

1958 年に中国は中国語をアルファベット文字によって表記する "汉语拼音方案" を公布した。これは漢字や共通語の音声を、表音文字であるアルファベットによって音節として表記する案である。このピンイン表記法は、現在漢字の注音に用いられている。

例えば「あなた」を意味する "你" は、ピンインで "nǐ" と表記される。"n" は子音、"i" は母音、"i" の上のマークは「声調記号」である。「声調」とは中国語の音の上げ下げの調子を表すもので、中国語には 4 つの声調がある。声調の違いによって、その表す意味が違うものになる。

3 中国語の漢字

中国語漢字の数は 5 万字を超えると言われるが、日常に使われるのは 3000 字～ 4000 字ほどである。現代中国では「簡体字」が使われている。「簡体字」とは「繁体字」の画数を減らして簡略化した漢字である。この教科書で使われている簡体字は中国の出版物にも広く用いられているものである。台湾、香港、マカオなどでは「繁体字」が使われている。

中国語の中には、日本語と漢字が同じでも意味が違う同形異義語が多くある。中国の漢字を日本の漢字の通りに解釈すると間違いやすい。

例　【中国語】　　【日本語】

老婆	＝	妻
丈夫	＝	夫
愛人	＝	配偶者

4 中国語の文法

中国語文法の最も大きな特徴は、人称、時制、性、数、格などによる形態変化がないことである。そこで、語順や単語の並べ方が文法の中で非常に重要な役割をもつことになる。中国語の語順は通常主語が前、述語が後である。語順の変化によって意味が変わる。

声母＼韻母	a	o	e	i	er	ai	ei	ao	ou	an	en	ang	eng	ong	i	ia	iao	ie	iou
b	ba	bo				bai	bei	bao		ban	ben	bang	beng		bi		biao	bie	
p	pa	po				pai	pei	pao	pou	pan	pen	pang	peng		pi		piao	pie	
m	ma	mo	me			mai	mei	mao	mou	man	men	mang	meng		mi		miao	mie	miu
f	fa	fo					fei		fou	fan	fen	fang	feng						
d	da		de			dai	dei	dao	dou	dan		dang	deng	dong	di		diao	die	diu
t	ta		te			tai		tao	tou	tan		tang	teng	tong	ti		tiao	tie	
n	na		ne			nai	nei	nao		nan	nen	nang	neng	nong	ni		niao	nie	niu
l	la		le			lai	lei	lao	lou	lan		lang	leng	long	li	lia	liao	lie	liu
g	ga		ge			gai	gei	gao	gou	gan	gen	gang	geng	gong					
k	ka		ke			kai		kao	kou	kan	ken	kang	keng	kong					
h	ha		he			hai	hei	hao	hou	han	hen	hang	heng	hong					
j															ji	jia	jiao	jie	jiu
q															qi	qia	qiao	qie	qiu
x															xi	xia	xiao	xie	xiu
zh	zha		zhe	zhi		zhai	zhei	zhao	zhou	zhan	zhen	zhang	zheng	zhong					
ch	cha		che	chi		chai		chao	chou	chan	chen	chang	cheng	chong					
sh	sha		she	shi		shai	shei	shao	shou	shan	shen	shang	sheng						
r			re	ri				rao	rou	ran	ren	rang	reng	rong					
z	za		ze	zi		zai	zei	zao	zou	zan	zen	zang	zeng	zong					
c	ca		ce	ci		cai		cao	cou	can	cen	cang	ceng	cong					
s	sa		se	si		sai		sao	sou	san	sen	sang	seng	song					
	a	o	e		er	ai	ei	ao	ou	an	en	ang			yi	ya	yao	ye	you

2					3									4			
ian	in	iang	ing	iong	u	ua	uo	uai	uei	uan	uen	uang	ueng	ü	üe	üan	ün
bian	bin		bing		bu												
pian	pin		ping		pu												
mian	min		ming		mu												
					fu												
dian			ding		du		duo		dui	duan	dun						
tian			ting		tu		tuo		tui	tuan	tun						
nian	nin	niang	ning		nu		nuo			nuan				nü	nüe		
lian	lin	liang	ling		lu		luo			luan	lun			lü	lüe		
					gu	gua	guo	guai	gui	guan	gun	guang					
					ku	kua	kuo	kuai	kui	kuan	kun	kuang					
					hu	hua	huo	huai	hui	huan	hun	huang					
jian	jin	jiang	jing	jiong										ju	jue	juan	jun
qian	qin	qiang	qing	qiong										qu	que	quan	qun
xian	xin	xiang	xing	xiong										xu	xue	xuan	xun
					zhu	zhua	zhuo	zhuai	zhui	zhuan	zhun	zhuang					
					chu		chuo	chuai	chui	chuan	chun	chuang					
					shu	shua	shuo	shuai	shui	shuan	shun	shuang					
					ru		ruo		rui	ruan	run						
					zu		zuo		zui	zuan	zun						
					cu		cuo		cui	cuan	cun						
					su		suo		sui	suan	sun						
yan	yin	yang	ying	yong	wu	wa	wo	wai	wei	wan	wen	wang	weng	yu	yue	yuan	yun

発音 （1）

声 調

　中国語の発音は音節の高低上げ下げの調子がついている。声調の変化によって、その意味が違うものになる。

第１声	ā	高く平ら
第２声	á	急激に上げる
第３声	ǎ	低く抑える
第４声	à	急激に下げる
軽　声	a	前の声調に軽く添える

mā	má	mǎ	mà
妈	麻	马	骂
（お母さん）	（麻）	（馬）	（罵る）

A03 **練 習**

māma	máma	mǎma	màma
1声＋軽声	2声＋軽声	3声＋軽声	4声＋軽声

単母音

a	「ア」より口を大きく開けて明るく発音する。
o	「オ」より唇を丸く突き出して発音する。
e	「エ」の唇の形で、喉の奥で「ウ」というつもりで発音する。
i	「イ」より唇を左右に開いて発音する。
u	「ウ」より唇を丸く突き出して発音する。
ü	単母音 "u" の唇で「イ」を発音する。
er	単母音 "e" を言いながら舌をそりあげて発音する。

❗ ポイント

単母音 " i、u、ü " の単独の場合の書き方は以下のようにする。

i → yi　　u → wu　　ü → yu

● 練 習 ●

a	ā	á	ǎ	à
o	ō	ó	ǒ	ò
e	ē	é	ě	è
i	yī	yí	yǐ	yì
u	wū	wú	wǔ	wù
ü	yū	yú	yǔ	yù
er	ēr	ér	ěr	èr

ドリル

- -

A06 **1** 発音されたものに○をつけなさい。

① ā　　á　　ǎ　　à　　　② ō　　ó　　ǒ　　ò

③ ē　　é　　ě　　è　　　④ yī　　yí　　yǐ　　yì

⑤ wū　　wú　　wǔ　　wù　　　⑥ yū　　yú　　yǔ　　yù

⑦ ēr　　ér　　ěr　　èr

A07 **2** 発音を聞いて、声調記号をつけなさい。

① ma ma　　　　　　　　② ma ma

③ ma ma　　　　　　　　④ ma ma

A08 **3** 3つの母音のうち、発音されたものに○をつけなさい。

① a　　　o　　　yi　　　② yi　　　wu　　　o

③ o　　　yu　　　e　　　④ yu　　　e　　　a

⑤ wu　　　a　　　er　　　⑥ yi　　　yu　　　wu

⑦ wu　　　yi　　　er　　　⑧ er　　　yu　　　wu

A09 **4** 発音を聞いて、ピンインと声調記号を書きなさい。

① ＿＿＿＿＿＿＿＿＿　　　② ＿＿＿＿＿＿＿＿＿

③ ＿＿＿＿＿＿＿＿＿　　　④ ＿＿＿＿＿＿＿＿＿

⑤ ＿＿＿＿＿＿＿＿＿　　　⑥ ＿＿＿＿＿＿＿＿＿

5 辞書を引いて、漢字にピンインと声調記号をつけて、発音しなさい。

① 衣 ＿＿＿＿＿＿＿　　　② 霧 ＿＿＿＿＿＿＿

③ 額 ＿＿＿＿＿＿＿　　　④ 雨 ＿＿＿＿＿＿＿

発音（2）

A10　複母音

複母音とは、母音が2つ以上連なっているものである。

● 前の方を強く発音する。

| ai | ei | ao | ou |

● 後ろの方を強く発音する。

| ia | ie | ua | uo | üe |
| (ya) | (ye) | (wa) | (wo) | (yue) |

● 真ん中の方を強く発音する。

| iao | iou | uai | uei |
| (yao) | (you) | (wai) | (wei) |

ポイント

複母音の場合、前に子音がないときは“i、u、ü”の書き方は以下のようにする。

i → yi　　u → wu　　ü → yu

練 習

ai	āi	ái	ǎi	ài
ei	ēi	éi	ěi	èi
ao	āo	áo	ǎo	ào
ou	ōu	óu	ǒu	òu
ia	yā	yá	yǎ	yà
ie	yē	yé	yě	yè
iao	yāo	yáo	yǎo	yào
iou	yōu	yóu	yǒu	yòu
ua	wā	wá	wǎ	wà
uo	wō	wó	wǒ	wò
uai	wāi	wái	wǎi	wài
uei	wēi	wéi	wěi	wèi
üe	yuē	yué	yuě	yuè

声調記号のつけ方

1. "a" があれば最優先。
2. "a" がなければ "o" か "e" を探す。
3. "i" と "u" が並ぶときは後ろの方につける。
4. "i" につけるときは "yī" のように上の点を取る。
5. 母音1つの場合は迷わずつける。

ドリル

A12 1　発音されたものに○をつけなさい。

① ǎi　　ái　　āi　　ài　　　② èi　　ēi　　ěi　　éi

③ ǎo　　ào　　āo　　áo　　　④ óu　　ǒu　　ōu　　òu

⑤ yá　　yǎ　　yā　　yà　　　⑥ yé　　yē　　yě　　yè

⑦ wà　　wā　　wǎ　　wá　　　⑧ wǒ　　wò　　wō　　wó

⑨ yué　　yuě　　yuē　　yuè　　⑩ yāo　　yǎo　　yáo　　yào

⑪ yòu　　yōu　　yǒu　　yóu　　⑫ wǎi　　wāi　　wái　　wài

⑬ wéi　　wěi　　wēi　　wèi

A13 2　3つの複母音のうち、発音されたものに○をつけなさい。

① ai　　ei　　wei　　　② ou　　wo　　ao

③ ya　　ye　　wa　　　④ wei　　wai　　yue

⑤ you　　yao　　yue　　⑥ ai　　wai　　yao

A14 3　発音を聞いて、声調記号をつけなさい。

① wuyue　　　② wuya　　　③ yaowei

④ weiyi　　　⑤ waiyu　　　⑥ yue'er

A15 4　発音を聞いて、ピンインと声調記号を書きなさい。

① _____　　② _____

③ _____　　④ _____

⑤ _____　　⑥ _____

5　辞書を引いて、漢字にピンインと声調記号をつけて、発音しなさい。

① 愛 _____　　② 頁 _____

③ 优 _____　　④ 为 _____

発音（3）

A16 子音（声母）

	無気音	有気音	鼻　音	摩擦音	有声音
唇　　音	b(o)	p(o)	m(o)	f(o)	
舌 尖 音	d(e)	t(e)	n(e)		l(e)
舌 根 音	g(e)	k(e)		h(e)	
舌 面 音	j(i)	q(i)		x(i)	
そり舌音	zh(i)	ch(i)		sh(i)	r(i)
舌 歯 音	z(i)	c(i)		s(i)	

！ポイント

1　無気音と有気音

無気音：口の中の息を抑えながら発音する。

有気音：口の中の息を強く出しながら発音する。

2　そり舌音

舌先を歯茎よりやや奥のところまでそり上げて発音する。

"zhi"：舌をそり上げて歯茎につけたまま息を抑えながら発音する。

"chi"：舌をそり上げて歯茎につけたまま息を強く出しながら発音する。

"shi"：舌をそり上げるが歯茎につけずに少し隙間を残して息を摩擦させながら発音する。

"ri"：舌をそり上げるが歯茎につけずに少し隙間を残して声帯（のど）を振動させながら発音する。

<u>A17</u> **1** 無気音と有気音

b – **p**	bo	po	bu	pu	bao	pao	bai	pai
d – **t**	de	te	du	tu	dao	tao	dai	tai
g – **k**	ge	ke	gu	ku	gao	kao	gai	kai
j – **q**	ji	qi	ju	qu	jiao	qiao	jue	que
zh – **ch**	zhi	chi	zhu	chu	zhao	chao	zhai	chai
z – **c**	zi	ci	zu	cu	zao	cao	zai	cai

<u>A18</u> **2** 鼻音

m	mo	mi	mao	mai
n	ne	na	niu	nai

<u>A19</u> **3** 摩擦音

f	fo	fa	fu	fei
h	he	hao	hei	hou
x	xi	xia	xie	xiu
s	si	su	sui	sao
sh	shi	shu	shui	shao

<u>A20</u> **4** 有声音

l	le	lao	lei	lou
r	re	rao	rui	rou

！ポイント

A21 **1** 消える o と e

　　複母音の "iou" "uei" が子音と結合して音節をなす場合、"iou" "uei" のように、真ん中の母音が弱くなる。このためピンイン綴りでは、つぎのように "o" と "e" が消える。

　　　m + iou → miu　　　　　d + iou → diu
　　　g + uei → gui　　　　　k + uei → kui

A22 **2** 母音 " ü " が " j、q、x " の直後に続くときは " ü " の上の " ¨ " をとって、" u " と書く。

　　　ju　　　qu　　　xu

A23 **3** 同じ " i " でも子音との組み合わせによって、発音が異なる。

　　1. ji　　qi　　xi　　　　　……　　[i]　するどい " i "
　　2. zhi　chi　shi　ri　　　……　　[ʅ]　こもった " i "
　　3. zi　　ci　　si　　　　　……　　[ɿ]　平口の " i "

4 隔音符号 " ' "

　　2つめの音節が " a、o、e " から始まるとき、前の音節との間に隔音符号 " ' " が必要である。

　　　例　yuè'ěr　　　pí'ǎo

A24 **練　習**

iou	miu	niu	diu	liu	jiu
uei	dui	tui	hui	rui	cui

20

ドリル

A25 **1** 無気音と有気音を区別し、発音されたものに○をつけなさい。

① bà （爸）　　pà （怕）　　　② dǎ （打）　　tǎ （塔）

③ gē （歌）　　kē （科）　　　④ jī （鸡）　　qī （妻）

⑤ zhǐ（纸）　　chǐ（齿）　　　⑥ zì （自）　　cì （次）

A26 **2** 発音されたものに○をつけなさい。

① gāo　　　　kāo　　　　　② lè　　　　　rì

③ hēi　　　　fēi　　　　　④ dōu　　　　tōu

A27 **3** 3つのピンインのうち、発音されたものに○をつけなさい。

① qī　　chī　　jī　　　　② zhá　　zá　　chá

③ chù　　qù　　jù　　　　④ shì　　sì　　sù

A28 **4** 発音を聞いて、ピンインと声調記号を書きなさい。

① _____　　　② _____

③ _____　　　④ _____

5 辞書を引いて、漢字にピンインと声調記号をつけて、発音しなさい。

① 吃 _____　　　② 睡 _____

③ 学 _____　　　④ 书 _____

発音（4）

A29 **鼻母音（-n、-ng を伴う母音）**

鼻音を伴う母音は全部で 16 ある。中国語では "-n" と "-ng" をはっきり区別する。

an	en	ang	eng	ong
ian (yan)	in (yin)	iang (yang)	ing (ying)	iong (yong)
uan (wan)	uen (wen)	uang (wang)	ueng (weng)	
üan (yuan)	ün (yun)			

A30 **❗ポイント**

再び消える "e"。"uen" が子音に続く場合、"uen" のように真ん中の母音が弱くなる。このためピンイン綴りでは、つぎのように "e" が消える。

t + uen → tun　　　h + uen → hun

A31 **練 習**

an – ang	pàn	pàng	**en – eng**	fēn	fēng
	cán	cáng		shén	shéng
	zhǎn	zhǎng		nèn	nèng
in – ing	xìn	xìng	**ian – iang**	qián	qiáng
	bìn	bìng		jiān	jiāng
	mín	míng		lián	liáng

ドリル

---

1 鼻母音の "n" と "ng" を区別しながら発音しなさい。

① yan　　　　yang　　　　　② fen　　　　feng

③ bin　　　　bing　　　　　④ qian　　　　qiang

⑤ shen　　　sheng

A32 2 発音されたものに○をつけなさい。

① fàn　　　　fàng　　　　　② mín　　　　míng

③ xiān　　　xiāng　　　　　④ chuán　　　chuáng

⑤ yànzi　　　yàngzi

A33 3 発音を聞いて、声調記号をつけなさい。

① 中国　Zhongguo　　　　② 日本　Riben

③ 美国　Meiguo　　　　　④ 北京　Beijing

⑤ 东京　Dongjing　　　　⑥ 华盛顿　Huashengdun

A34 4 発音を聞いて、ピンインと声調記号を書きなさい。

① 长城　＿＿＿＿＿＿　　② 黄河　＿＿＿＿＿＿

③ 梅花　＿＿＿＿＿＿　　④ 富士山　＿＿＿＿＿＿

⑤ 琵琶湖　＿＿＿＿＿＿　⑥ 樱花　＿＿＿＿＿＿

5 辞書を引いて、漢字にピンインと声調記号をつけて、発音しなさい。

　　　　一　　　二　　　三　　　四　　　五

　　　　六　　　七　　　八　　　九　　　十

発音（5）

ccc

声調変化とr化

A35 **1** 第3声の変化

第3声が連続する場合、前の第3声は第2声に変化して発音する。

声調記号の表記は第3声のまま変化しない。

nǐ hǎo　　→　発音は "ní hǎo"
你　好　　　　　表記は "nǐ hǎo"

A36 ● 練　習

	発音	表記
友好	yóuhǎo	yǒuhǎo
勇敢	yónggǎn	yǒnggǎn
保险	báoxiǎn	bǎoxiǎn

A37 **2** "不" の変調

"不" は単独で発音する場合第4声で発音されるが、直後に第4声が続くとき、声調が変化する。この場合声調記号も変更して記す。

bú（第2声）＋ 第4声：bú kàn　不看（見ない）

3 "一"の変調

"一"は単独で発音する場合第1声で発音されるが、直後に第1声、2声、3声が続くときは第4声で発音され、直後に第4声が続くときは第2声で発音される。この場合声調記号も変更して記す。

$$
\text{yì（第4声）}+
\begin{cases}
\text{第1声：yìshēng} & \text{一生} \\
\text{第2声：yì nián} & \text{一年} \\
\text{第3声：yìbǎi} & \text{一百}
\end{cases}
$$

yí（第2声）+　　第4声：yí biàn　　一遍

"一、二、三、…"のように単独で読まれる場合は"yī"。

序数を表す場合、本来の声調"yī"：yī yuè 一月

後に何も続かない場合、本来の声調"yī"：tǒngyī 统一

4 r化

音節の末尾で舌をそり上げて発音することを「r化」という。

1. 画儿　　唱歌儿　　（変化なし）
   huàr　　chàng gēr

2. 玩儿　　拐弯儿　　（"n"が脱落）
   wánr　　guǎiwānr

3. 味儿　　小孩儿　　（複母音の"i"が脱落）
   wèir　　xiǎoháir

4. 空儿　　电影儿　　（"ng"が脱落して鼻音化）
   kòngr　　diànyǐngr

ドリル

──

A40 *1* 発音されたものに○をつけなさい。

① băoxiăn　　băo xiān　　② bù lái　　bú lài

③ yí biàn　　yī biān　　④ huàr　　huà

⑤ wèir　　wèi

A41 *2* 発音を聞いて、声調記号をつけなさい。

① ni hao　　② bu kan　　③ yi nian

④ huar　　⑤ dianyingr

A42 *3* 発音を聞いて、声調記号をつけ、漢字に直しなさい。

① yonggan　　② bu chi　　③ yisheng

④ wanr　　⑤ chang ger

4 "bu" と "yi" に声調記号をつけなさい。

① 不好　bu hǎo　　② 不来　bu lái

③ 不问　bu wèn　　④ 不吃　bu chī

⑤ 一千　yiqiān　　⑥ 一年　yi nián

⑦ 一百　yibǎi　　⑧ 一万　yiwàn

5 辞書を引いて、漢字にピンインと声調記号をつけて、発音しなさい。

① 上海 _____　　② 天津 _____

③ 重庆 _____　　④ 台湾 _____

⑤ 香港 _____　　⑥ 澳门 _____

A43

1.	你好!	Nǐ hǎo!	（こんにちは）
2.	欢迎!	Huānyíng!	（ようこそ）
3.	请进。	Qǐng jìn.	（どうぞお入りください）
4.	请坐。	Qǐng zuò.	（どうぞおかけください）
5.	你忙吗?	Nǐ máng ma?	（お忙しいですか）
6.	麻烦你了。	Máfan nǐ le.	（ご面倒をおかけしました）
7.	打搅你了。	Dǎjiǎo nǐ le.	（お邪魔しました）
8.	对不起。	Duìbuqǐ.	（すみません）
9.	没关系。	Méi guānxi.	（かまいません）
10.	谢谢!	Xièxie!	（ありがとうございます）
11.	不谢。	Bú xiè.	（どういたしまして）
12.	再见!	Zàijiàn!	（さようなら）

A44 1. 同学们好！　　　Tóngxuémen hǎo!　　　（皆さん、こんにちは）

2. 老师好！　　　　Lǎoshī hǎo!　　　　（先生、こんにちは）

3. 开始上课。　　　Kāishǐ shàngkè.　　　（授業を始めます）

4. 今天学习第一课。　Jīntiān xuéxí dì yī kè.　（今日は第一課を勉強します）

5. 请看课文。　　　Qǐng kàn kèwén.　　　（本文を見てください）

6. 请看生词。　　　Qǐng kàn shēngcí.　　　（新出単語を見てください）

7. 请跟我念。　　　Qǐng gēn wǒ niàn.　　　（私について読んでください）

8. 请再说一遍。　　Qǐng zài shuō yí biàn.　（もう一度言ってください）

9. 有问题吗？　　　Yǒu wèntí ma?　　　　（質問がありますか）

10. 懂了吗？　　　　Dǒng le ma?　　　　（分かりましたか）

11. 我不懂。　　　　Wǒ bù dǒng.　　　　（分かりません）

12. 课后请好好儿复习。Kèhòu qǐng hǎohāor fùxí.（授業後よく復習してください）

第 一 课　　初次　见面
Dì yī kè

Chūcì　jiànmiàn

会 话 文

铃木　请问，　您　贵姓？
Qǐngwèn,　nín　guìxìng?

田中　我　姓　田中，　你　叫　什么　名字？
Wǒ　xìng　Tiánzhōng,　nǐ　jiào　shénme　míngzi?

铃木　我　叫　铃木　太郎。　你　是　新生　吗？
Wǒ　jiào　Língmù　Tàiláng.　Nǐ　shì　xīnshēng　ma?

田中　不，　我　是　三　年级　学生。
Bù,　wǒ　shì　sān　niánjí　xuésheng.

铃木　我　是　东京人，　你　呢？
Wǒ　shì　Dōngjīngrén,　nǐ　ne?

田中　我　是　大阪人。
Wǒ　shì　Dàbǎnrén.

铃木　初次　见面，　请　多　关照。
Chūcì　jiànmiàn,　qǐng　duō　guānzhào.

田中　请　多　关照。
Qǐng　duō　guānzhào.

新出語句

请 qǐng	動	どうぞ〜してください
问 wèn	動	聞く、問う
请问 qǐngwèn	動	お尋ねします
您 nín	代	あなた（敬称）
贵姓 guìxìng	名	お名前、ご芳名
我 wǒ	代	私
姓 xìng	動	（姓は）〜という
田中 Tiánzhōng	名	〈姓〉田中
你 nǐ	代	あなた
叫 jiào	動	（名前は）〜という
什么 shénme	代	なに
名字 míngzi	名	名前
铃木太郎 Língmù Tàiláng		
	名	〈人名〉鈴木太郎

是 shì	動	〜である
新生 xīnshēng	名	新入生
吗 ma	助	〜か
不 bù	副	〜ではない（否定）
年级 niánjí	名	学年
学生 xuésheng	名	学生
东京 Dōngjīng	名	〈地名〉東京
人 rén	名	人
呢 ne	助	〜は（省略疑問）
大阪 Dàbǎn	名	〈地名〉大阪

初次见面 chūcì jiànmiàn　初めまして

请多关照 qǐng duō guānzhào

　　　　　　　　　　どうぞよろしく

文 法

1　人称代詞

	単　数		複　数	
第一人称	我 wǒ		我们 wǒmen	咱们 zánmen
第二人称	你 nǐ	您 nín	你们 nǐmen	
第三人称	他 tā	她 tā	他们 tāmen	她们 tāmen

它 tā：ものや動物を指す。　　它们 tāmen：ものや動物の複数。

2 動詞 "是"

「～は…である」

他是老师。	Tā shì lǎoshī.
我是日本人。	Wǒ shì Rìběnrén.
我不是新生。	Wǒ bú shì xīnshēng.

3 動詞述語文

「～は…する」

我去京都。	Wǒ qù Jīngdū.
他买电脑。	Tā mǎi diànnǎo.
她不去宿舍。	Tā bú qù sùshè.

4 "吗"

「～は…か」

他是美国人吗?	Tā shì Měiguórén ma?
你是大学生吗?	Nǐ shì dàxuéshēng ma?
你去中国吗?	Nǐ qù Zhōngguó ma?

5 "呢"

「～は（どうですか）？」

你是日本人，她呢?	Nǐ shì Rìběnrén, tā ne?
我去中国，你呢?	Wǒ qù Zhōngguó, nǐ ne?
他叫张和平，你呢?	Tā jiào Zhāng Hépíng, nǐ ne?

他 tā	代 彼	去 qù	動 行く
她 tā	代 彼女	京都 Jīngdū	名 〈地名〉京都
我们 wǒmen	代 私達	买 mǎi	動 買う
咱们 zánmen	代 私達（話し相手を含む）	电脑 diànnǎo	名 パソコン
		宿舍 sùshè	名 宿舎、寮
你们 nǐmen	代 あなた達	美国 Měiguó	名 〈国名〉アメリカ
他们 tāmen	代 彼ら	大学生 dàxuéshēng	名 大学生
她们 tāmen	代 彼女達	中国 Zhōngguó	名 〈国名〉中国（全称"中华人民共和国"）
它 tā	代 ものや動物を指す		
它们 tāmen	代 ものや動物の複数	张和平 Zhāng Hépíng	名 〈中国人の人名〉張和平
老师 lǎoshī	名 先生、教師		
日本 Rìběn	名 〈国名〉日本		

ドリル

1 次の中から最も適当な言葉を選んで（　）に入れなさい。

［姓　叫　是　去　呢　吗］

① 我（　　）日本人。　　　　② 他（　　）美国。

③ 你（　　）什么名字?　　　④ 你是新生（　　）?

2 次の中国語を日本語の意味に合うように並べ替えなさい。

① 私は2年生です。

学生　二　我　年级　是

② 彼はアメリカ人ではありません。

不　人　他　美国　是

③ 私は中国に行きます。あなたは?

去　中国　呢　你　我

④ どうぞよろしくお願いします。

关照　多　请

3 次のピンインを中国語の漢字に直し、日本語に訳しなさい。

① Nǐ shì xīnshēng ma?

漢字: _____   日本語訳: _____

② Wǒ shì Dàbǎnrén, nǐ ne?

漢字: _____   日本語訳: _____

③ Tāmen bú shì lǎoshī.

漢字: _____   日本語訳: _____

④ Chūcì jiànmiàn, qǐng duō guānzhào.

漢字: _____   日本語訳: _____

4 次の日本語を中国語に訳しなさい。

① お名前は？

_____

② 彼女は２年生です。

_____

③ 私は新入生ではありません。

_____

④ 張和平さんは中国人です。

_____

5 次の質問に実際の状況に基づき、中国語で答えなさい。

① _____

② _____

③ _____

④ _____

第二课　　欢迎　新生
Dì èr kè　　Huānyíng xīnshēng

A53　会 話 文

田中　欢迎　新同学！
　　　Huānyíng　xīntóngxué!

铃木　谢谢！　这　是　什么？
　　　Xièxie!　Zhè　shì　shénme?

田中　这　是　入学　教育　的　资料。
　　　Zhè　shì　rùxué　jiàoyù　de　zīliào.

铃木　资料　真　详细！
　　　Zīliào　zhēn　xiángxì!

田中　你　是　哪个　学院　的　学生？
　　　Nǐ　shì　nǎge　xuéyuàn　de　xuésheng?

铃木　我　是　文学院　的　学生。
　　　Wǒ　shì　wénxuéyuàn　de　xuésheng.

田中　他　也　是　吗？
　　　Tā　yě　shì　ma?

铃木　对，我们　都　是　文学院　的　学生。
　　　Duì,　wǒmen　dōu　shì　wénxuéyuàn　de　xuésheng.

新出語句

欢迎 huānyíng	動	ようこそ、歓迎する
新 xīn	形	新しい、新たな
同学 tóngxué	名	同窓生、同級生
新同学 xīntóngxué	名	新入生
谢谢 xièxie	動	感謝する、ありがとう
这 zhè	代	この、これ
入学 rùxué	名	入学
教育 jiàoyù	名	教育
入学教育 rùxué jiàoyù	名	オリエンテーション

的 de	助	～の
资料 zīliào	名	資料
真 zhēn	副	実に、本当に
详细 xiángxì	形	詳しい
哪个 nǎge (nèige)	代	どの、どれ
学院 xuéyuàn	名	学部
文学 wénxué	名	文学
也 yě	副	～も
对 duì	形	正しい、その通りだ
都 dōu	副	みんな

文 法

1 指示代詞（1）

これ	それ	あれ	どれ
这 zhè	那 nà		哪 nǎ
这个 zhège / zhèige	那个 nàge / nèige		哪个 nǎge / něige
这些 zhèxiē / zhèixiē	那些 nàxiē / nèixiē		哪些 nǎxiē / něixiē

这是中文书。　　　　　　　　　Zhè shì Zhōngwénshū.

那不是他的铅笔。　　　　　　　Nà bú shì tā de qiānbǐ.

你的电脑是哪个?　　　　　　　Nǐ de diànnǎo shì nǎge?

2 形容詞述語文

「～はどのようだ」

校园非常美。　　　　　　　　　Xiàoyuán fēicháng měi.

教室不大。　　　　　　　　　　Jiàoshì bú dà.

大学很远吗?　　　　　　　　　Dàxué hěn yuǎn ma?

● 形容詞ペア

大 dà	― 小 xiǎo	多 duō	― 少 shǎo	长 cháng	― 短 duǎn
（大きい）	（小さい）	（多い）	（少ない）	（長い）	（短い）

远 yuǎn	― 近 jìn	高 gāo	― 低 dī	重 zhòng	― 轻 qīng
（遠い）	（近い）	（高い）	（低い）	（重い）	（軽い）

A57 **3**　疑問詞疑問文：“什么”“谁”

「なに」「だれ」

这是什么？	Zhè shì shénme?
那是什么地图？	Nà shì shénme dìtú?
这是谁的电脑？	Zhè shì shuí de diànnǎo?

A58 **4**　“的”

「～の…」

她是文学院的学生。	Tā shì wénxuéyuàn de xuésheng.
这不是她的手机。	Zhè bú shì tā de shǒujī.
那是你的电子词典吗？	Nà shì nǐ de diànzǐ cídiǎn ma?

親族や所属を表す場合、“的”を省略できる。

A59 **5**　副詞“也”“都”

“也”は「～も」、“都”は「みんな～」。同時に使用する場合は“也都”の順。

我也很高兴。	Wǒ yě hěn gāoxìng.
我们都不是日本人。	Wǒmen dōu bú shì Rìběnrén.
他们也都吃中国菜吗？	Tāmen yě dōu chī Zhōngguócài ma?

補充語句

中文 Zhōngwén	名	中文、中国語
书 shū	名	本
那 nà	代	その、それ
铅笔 qiānbǐ	名	鉛筆
校园 xiàoyuán	名	キャンパス
非常 fēicháng	副	非常に
美 měi	形	美しい
教室 jiàoshì	名	教室
大 dà	形	大きい、広い
大学 dàxué	名	大学

很 hěn	副	とても
远 yuǎn	形	遠い
地图 dìtú	名	地図
谁 shuí (shéi)	代	だれ
手机 shǒujī	名	携帯電話
电子词典 diànzǐ cídiǎn	名	電子辞書
高兴 gāoxìng	形	嬉しい
吃 chī	動	食べる
中国菜 Zhōngguócài	名	中華料理

ドリル

1 次の中から最も適当な言葉を選んで（　　）に入れなさい。

［大　　真　　很　　什么　　谁　　哪］

① 他是（　　）个大学的学生?
② 那是（　　）的铅笔?
③ 我们的大学（　　）远。
④ 这是（　　）书?

2 次の中国語を日本語の意味に合うように並べ替えなさい。

① 私は文学部の学生ではありません。
　　学生　我　文学院　是　的　不
② これはオリエンテーションの資料です。
　　入学　这　的　资料　教育　是
③ あなたのパソコンはどれですか。
　　个　你　电脑　的　是　哪
④ 私達もみんな日本人です。
　　也　日本人　都　我们　是

3 次のピンインを中国語の漢字に直し、日本語に訳しなさい。

① Nà shì tā de qiānbǐ.

漢字：＿＿＿＿＿＿＿＿＿＿＿＿   日本語訳：＿＿＿＿＿＿＿＿＿＿＿

② Tāmen dōu shì dàxuéshēng.

漢字：＿＿＿＿＿＿＿＿＿＿＿＿   日本語訳：＿＿＿＿＿＿＿＿＿＿＿

③ Tā yě shì xīntóngxué.

漢字：＿＿＿＿＿＿＿＿＿＿＿＿   日本語訳：＿＿＿＿＿＿＿＿＿＿＿

④ Wǒmen de xiàoyuán fēicháng měi.

漢字：＿＿＿＿＿＿＿＿＿＿＿＿   日本語訳：＿＿＿＿＿＿＿＿＿＿＿

4 次の日本語を中国語に訳しなさい。

① 私達の大学はとても遠いです。

＿＿＿＿＿＿＿＿＿＿＿＿＿＿＿＿＿＿＿＿＿＿＿＿＿＿＿＿＿＿

② 彼もアメリカ人です。

＿＿＿＿＿＿＿＿＿＿＿＿＿＿＿＿＿＿＿＿＿＿＿＿＿＿＿＿＿＿

③ あの教室は本当に広いです。

＿＿＿＿＿＿＿＿＿＿＿＿＿＿＿＿＿＿＿＿＿＿＿＿＿＿＿＿＿＿

④ 彼らはみんな中国に行きます。

＿＿＿＿＿＿＿＿＿＿＿＿＿＿＿＿＿＿＿＿＿＿＿＿＿＿＿＿＿＿

5 次の質問に実際の状況に基づき、中国語で答えなさい。

① _____

② _____

③ _____

④ _____

第三课　我的一家
Dì sān kè　Wǒ de yìjiā

A62 **会話文**

田中
你　家　有　几　口　人？
Nǐ　jiā　yǒu　jǐ　kǒu　rén?

铃木
六　口　人。
Liù　kǒu　rén.

田中
你　爸爸　做　什么　工作？
Nǐ　bàba　zuò　shénme　gōngzuò?

铃木
我　爸爸　是　公司　职员，你　爸爸　呢？
Wǒ　bàba　shì　gōngsī　zhíyuán,　nǐ　bàba　ne?

田中
我　爸爸　是　律师，妈妈　是　护士。
Wǒ　bàba　shì　lǜshī,　māma　shì　hùshi.

铃木
我　妈妈　是　家庭　主妇。
Wǒ　māma　shì　jiātíng　zhǔfù.

田中
你　有　兄弟　姐妹　吗？
Nǐ　yǒu　xiōngdì　jiěmèi　ma?

铃木
我　有　一　个　哥哥　和　两　个　姐姐。
Wǒ　yǒu　yí　ge　gēge　hé　liǎng　ge　jiějie.

新出語句 A63

家 jiā	名 家、家庭	妈妈 māma	名 お母さん、母
有 yǒu	動 ある、いる、持つ	护士 hùshi	名 看護師
几 jǐ	数 いくつ、いくら	家庭 jiātíng	名 家庭
口 kǒu	量 家族を数える	主妇 zhǔfù	名 主婦
爸爸 bàba	名 お父さん、父	兄弟姐妹 xiōngdì jiěmèi	名 兄弟姉妹
做 zuò	動 する、やる	个 ge	量 人やものを数える
工作 gōngzuò	名 仕事	哥哥 gēge	名 お兄さん、兄
公司 gōngsī	名 会社	和 hé	接 〜と〜
职员 zhíyuán	名 職員	两 liǎng	数 数量を表す2、2つ
律师 lùshī	名 弁護士	姐姐 jiějie	名 お姉さん、姉

文 法

1 "有" A64

存在を表す。「…に〜がいる／ある」

我家有三口人。	Wǒ jiā yǒu sān kǒu rén.
我们教室没有电脑。	Wǒmen jiàoshì méiyǒu diànnǎo.
你们大学有茶室吗?	Nǐmen dàxué yǒu cháshì ma?

所有を表す。「〜は…を持つ」

弟弟有手机。	Dìdi yǒu shǒujī.
妹妹没有伞。	Mèimei méiyǒu sǎn.
你有电子词典吗?	Nǐ yǒu diànzǐ cídiǎn ma?

2 "几""多少"

"几" は 10 以下の想定、"多少" は数の制限がない。

你家有几辆汽车？　　　　　　　Nǐ jiā yǒu jǐ liàng qìchē?

你是几年级学生？　　　　　　　Nǐ shì jǐ niánjí xuésheng?

你们大学有多少学生？　　　　　Nǐmen dàxué yǒu duōshao xuésheng?

3 数詞

零	一	二	三	四	五	六	七	八	九	十
líng	yī	èr	sān	sì	wǔ	liù	qī	bā	jiǔ	shí

十一	二十	九十	一百	一百零一	一千	一万	一百万
shíyī	èrshí	jiǔshí	yìbǎi	yìbǎi líng yī	yìqiān	yíwàn	yìbǎiwàn

4 量詞

个 ge　：人 rén、学生 xuésheng　　　位 wèi　：老师 lǎoshī、客人 kèrén

本 běn　：书 shū、杂志 zázhì　　　　枝 zhī　：铅笔 qiānbǐ、钢笔 gāngbǐ

件 jiàn　：衣服 yīfu、礼物 lǐwù　　　条 tiáo　：裤子 kùzi、领带 lǐngdài

補充語句

没有 méiyǒu	動	ない
茶室 cháshì	名	茶室
弟弟 dìdi	名	弟
妹妹 mèimei	名	妹
伞 sǎn	名	傘
辆 liàng	量	～台
汽车 qìchē	名	自動車
多少 duōshao	代	どのぐらい
位 wèi	量	目上の人や客を数える
客人 kèrén	名	客、お客さん

本 běn	量	～冊
杂志 zázhì	名	雑誌
枝 zhī	量	～本
钢笔 gāngbǐ	名	万年筆
件 jiàn	量	～着、～枚
衣服 yīfu	名	衣類、服
礼物 lǐwù	名	お土産、プレゼント
条 tiáo	量	～本
裤子 kùzi	名	ズボン
领带 lǐngdài	名	ネクタイ

1 次の中から最も適当な言葉を選んで（　　）に入れなさい。

　　　［几　　有　　本　　件　　枝　　条］

① 她是（　　）年级学生？　　　　　② 我家（　　）四口人。

③ 铃木有五（　　）领带。　　　　　④ 田中有三（　　）中文杂志。

2 次の中国語を日本語の意味に合うように並べ替えなさい。

① 私の父は会社員です。

　　公司　我　是　爸爸　职员

② あなた達の大学には学生がどれぐらいいますか。

　　学生　你们　有　大学　多少

③ 彼は万年筆を 3 本持っています。

　　钢笔　他　三　有　枝

④ 私は電子辞書を持っていません。携帯電話を持っています。

　　电子词典　手机　有　没有　我

3 次のピンインを中国語の漢字に直し、日本語に訳しなさい。

① Nǐmen gōngsī yǒu duōshao zhíyuán?

　　漢字：＿＿＿＿＿＿＿＿＿＿＿　　　日本語訳：＿＿＿＿＿＿＿＿＿＿＿

② Wǒ yǒu sān běn Zhōngwénshū.

　　漢字：＿＿＿＿＿＿＿＿＿＿＿　　　日本語訳：＿＿＿＿＿＿＿＿＿＿＿

③ Wǒ jiā méiyǒu qìchē.

　　漢字：＿＿＿＿＿＿＿＿＿＿＿　　　日本語訳：＿＿＿＿＿＿＿＿＿＿＿

④ Wǒ jiějie bú shì jiātíng zhǔfù.

　　漢字：＿＿＿＿＿＿＿＿＿＿＿　　　日本語訳：＿＿＿＿＿＿＿＿＿＿＿

4　次の日本語を中国語に訳しなさい。

① 彼のお母さんは専業主婦ではありません。看護師です。

_____

② 私は妹がいません。姉が1人います。

_____

③ 彼女は中国文学の雑誌を3冊持っています。

_____

④ あなたはネクタイを何本持っていますか。

_____

A68 **5**　次の質問に実際の状況に基づき、中国語で答えなさい。

①　_____

②　_____

③　_____

④　_____

生日　快乐
Shēngrì　kuàilè

A69　**会 话 文**

田中　你　今年　多　大　了？
　　　Nǐ　jīnnián　duō　dà　le?

铃木　我　十八　岁　了。
　　　Wǒ　shíbā　suì　le.

田中　我　属　虎。你　呢？
　　　Wǒ　shǔ　hǔ.　Nǐ　ne?

铃木　我　属　龙。
　　　Wǒ　shǔ　lóng.

田中　我　比　你　大　两　岁。
　　　Wǒ　bǐ　nǐ　dà　liǎng　suì.

铃木　你　的　生日　几　月　几　号？
　　　Nǐ　de　shēngrì　jǐ　yuè　jǐ　hào?

田中　五　月　五　号。
　　　Wǔ　yuè　wǔ　hào.

铃木　啊！是　今天。祝　你　生日　快乐！
　　　Ā!　Shì　jīntiān.　Zhù　nǐ　shēngrì　kuàilè!

新出語句

今年 jīnnián	名	今年
多 duō	副	どれほど
了 le	助	〜になった、〜した
岁 suì	名	歳
属 shǔ	動	十二支の言い方。
		〜年生まれ
虎 hǔ	名	十二支の寅（とら）
龙 lóng	名	十二支の辰（たつ）
比 bǐ	前	〜より、〜に比べて

生日 shēngrì	名	誕生日
月 yuè	名	月
号 hào	名	日
啊 ā	感	わー、あら
今天 jīntiān	名	今日
祝 zhù	動	祈る、祝う
快乐 kuàilè	形	楽しい
祝你生日快乐 zhù nǐ shēngrì kuàilè
		誕生日おめでとう

● 十二支の言い方：日中の言い方には違いがある。

日本語	子	丑	寅	卯	辰	巳	午	未	申	酉	戌	亥
中国語	鼠 shǔ	牛 niú	虎 hǔ	兔 tù	龙 lóng	蛇 shé	马 mǎ	羊 yáng	猴 hóu	鸡 jī	狗 gǒu	猪 zhū

文　法

1　"多"＋形容詞

「どのぐらい〜か」

田中今年（有）多大？　　　　Tiánzhōng jīnnián (yǒu) duō dà？

东京晴空塔（有）多高？　　　Dōngjīng Qíngkōngtǎ (yǒu) duō gāo?

机场（有）多远？　　　　　　Jīchǎng (yǒu) duō yuǎn?

2 時間詞

早上 zǎoshang	上午 shàngwǔ	中午 zhōngwǔ	下午 xiàwǔ	晚上 wǎnshang
前天 qiántiān	昨天 zuótiān	今天 jīntiān	明天 míngtiān	后天 hòutiān
前年 qiánnián	去年 qùnián	今年 jīnnián	明年 míngnián	后年 hòunián
上个月 shàngge yuè	这个月 zhège yuè	下个月 xiàge yuè		
上（个）星期 shàng(ge) xīngqī	这（个）星期 zhè(ge) xīngqī	下（个）星期 xià(ge) xīngqī		

A72 ## 3 "了"（1）

状態の変化を表す。「～になった」

我今年二十岁了。　　　　　　　Wǒ jīnnián èrshí suì le.

她没去美国。　　　　　　　　　Tā méi qù Měiguó.

天气冷了吗?　　　　　　　　　Tiānqì lěng le ma?

A73 ## 4 "比"

「AはBより～だ」

我比他大三岁。　　　　　　　　Wǒ bǐ tā dà sān suì.

今天没有昨天热。　　　　　　　Jīntiān méiyǒu zuótiān rè.

北京比上海冷吗?　　　　　　　Běijīng bǐ Shànghǎi lěng ma?

西暦は粒読みにする。

一九四九年 yījiǔsìjiǔ nián	一九七八年 yījiǔqībā nián	二〇〇八年 èrlínglíngbā nián	二〇一九年 èrlíngyījiǔ nián
一月 yī yuè	二月… èr yuè	十月 shí yuè	十一月 shíyī yuè	十二月 shí'èr yuè
一号… yī hào	十号 shí hào	十一号… shíyī hào	二十号 èrshí hào	二十一号… èrshiyī hào	三十一号 sānshiyī hào

年月日の場合 "是" を省略できる。否定は "不是"。

今天十月一号。　　　　　　　　Jīntiān shí yuè yī hào.

昨天不是五月四号。　　　　　　Zuótiān bú shì wǔ yuè sì hào.

明天几月几号?　　　　　　　　Míngtiān jǐ yuè jǐ hào?

補充語句

东京晴空塔 Dōngjīng Qíngkōngtǎ			
	名	東京スカイツリー	
机场 jīchǎng	名	空港	
早上 zǎoshang	名	朝	
上午 shàngwǔ	名	午前	
中午 zhōngwǔ	名	昼	
下午 xiàwǔ	名	午後	
晚上 wǎnshang	名	夜、晩	
前天 qiántiān	名	一昨日	
昨天 zuótiān	名	昨日	
明天 míngtiān	名	明日	
后天 hòutiān	名	明後日	
前年 qiánnián	名	一昨年	
去年 qùnián	名	去年	
明年 míngnián	名	来年	

后年 hòunián	名	再来年	
上个月 shàngge yuè	名	先月	
这个月 zhège yuè	名	今月	
下个月 xiàge yuè	名	来月	
上（个）星期 shàng(ge) xīngqī	名	先週	
这（个）星期 zhè(ge) xīngqī	名	今週	
下（个）星期 xià(ge) xīngqī	名	来週	
没 méi	副	～なかった（否定）	
天气 tiānqì	名	天気	
热 rè	形	暑い	
北京 Běijīng	名	〈地名〉北京（中国の首都）	
上海 Shànghǎi	名	〈地名〉上海（中国最大の経済都市）	
冷 lěng	形	寒い	

1 次の中から最も適当な言葉を選んで（　　）に入れなさい。

[啊　比　属　了　多　吗]

① 你今年（　　）大了?
② 田中（　　）虎。
③ 弟弟（　　）我小三岁。
④ 铃木上个月去中国（　　）。

2 次の中国語を日本語の意味に合うように並べ替えなさい。

① 私は今年20歳になりました。
　　了　我　岁　二十　今年
② 彼は私の弟より3歳年上です。
　　三岁　我　比　他　大　弟弟
③ 彼女の誕生日は11月1日です。
　　一号　她　生日　的　是　十一月
④ 今週は先週ほど寒くありません。
　　星期　星期　冷　这个　上个　没有

3 次のピンインを中国語の漢字に直し、日本語に訳しなさい。

① Wǒ bàba jīnnián liùshí suì le.

　　漢字：_____　　日本語訳：_____

② Wǒ gēge shǔ niú, jiějie shǔ mǎ.

　　漢字：_____　　日本語訳：_____

③ Běijīng bǐ Dōngjīng lěng.

　　漢字：_____　　日本語訳：_____

④ Jīntiān shì wǒ māma de shēngrì.

　　漢字：_____　　日本語訳：_____

4　次の日本語を中国語に訳しなさい。

① 彼は先月アメリカに行きました。

_____

② 誕生日おめでとうございます。

_____

③ 今日は昨日ほど暑くありません。

_____

④ 北京は上海より寒いです。

_____

A76　**5**　次の質問に実際の状況に基づき、中国語で答えなさい。

①　_____

②　_____

③　_____

④　_____

第五课　Dì wǔ kè

漫谈　学习
Màntán　xuéxí

 会話文 A77

田中 你 一 个 星期 上 几 节 课?
Nǐ yí ge xīngqī shàng jǐ jié kè?

铃木 十五 节。
Shíwǔ jié.

田中 你 几 点 上课?
Nǐ jǐ diǎn shàngkè?

铃木 九 点。 你 每天 复习 几 个 小时?
Jiǔ diǎn. Nǐ měitiān fùxí jǐ ge xiǎoshí?

田中 两 个 小时。 你 课外 时间 干 什么?
Liǎng ge xiǎoshí. Nǐ kèwài shíjiān gàn shénme?

铃木 我 经常 去 图书馆。
Wǒ jīngcháng qù túshūguǎn.

田中 你 哪天 再 去?
Nǐ nǎtiān zài qù?

铃木 星期四。 咱们 一起 去 吧。
Xīngqīsì. Zánmen yìqǐ qù ba.

新出語句

漫谈 màntán	動	雑談する	
学习 xuéxí	名	学習	
星期 xīngqī	名	曜日	
一个星期 yí ge xīngqī		1週間	
上（课）shàng (kè)	動	（授業を）する、受ける	
节 jié	量	コマ	
课 kè	名	授業	
点 diǎn	名	～時	
每天 měitiān	名	毎日	
复习 fùxí	動	復習する	
小时 xiǎoshí	名	～時間	

课外 kèwài	名	課外	
时间 shíjiān	名	時間	
干 gàn	動	する、やる	
经常 jīngcháng	副	常に	
图书馆 túshūguǎn	名	図書館	
哪天 nǎtiān	代	どの日、いつか	
再 zài	副	また～（する）	
星期四 xīngqīsì	名	木曜日	
一起 yìqǐ	副	一緒に	
吧 ba	助	～しましょう、～でしょう	

文 法

1 曜日の言い方

星期一 xīngqīyī	星期二 xīngqī'èr	星期三 xīngqīsān	星期四 xīngqīsì
星期五 xīngqīwǔ	星期六 xīngqīliù	星期日（星期天）xīngqīrì (xīngqītiān)	

星期五看电影。　　　　　Xīngqīwǔ kàn diànyǐng.
星期六去超市。　　　　　Xīngqīliù qù chāoshì.
星期天逛公园。　　　　　Xīngqītiān guàng gōngyuán.

2 時刻の言い方

1分～9分の前には"零"を入れる。15分は"一刻"と言う。

两点 liǎng diǎn	三点零五分 sān diǎn líng wǔ fēn
五点一刻 wǔ diǎn yí kè	六点十分十八秒 liù diǎn shí fēn shíbā miǎo
八点半 bā diǎn bàn	九点三刻 jiǔ diǎn sān kè
差五分十一点 chà wǔ fēn shíyī diǎn	

现在几点？	Xiànzài jǐ diǎn?
现在六点。	Xiànzài liù diǎn.
你几点起床？	Nǐ jǐ diǎn qǐchuáng?
我六点半起床。	Wǒ liù diǎn bàn qǐchuáng.
几点吃早饭？	Jǐ diǎn chī zǎofàn?
七点半吃早饭。	Qī diǎn bàn chī zǎofàn.

A81

3 時量補語

動作や状態の継続時間を表す。「どのぐらいの時間～する」

我每天睡六个小时。	Wǒ měitiān shuì liù ge xiǎoshí.
他每天走一个小时。	Tā měitiān zǒu yí ge xiǎoshí.
你每天学习几个小时英语？	Nǐ měitiān xuéxí jǐ ge xiǎoshí Yīngyǔ?

A82

4 副詞 "再"

「また～（する）」

下午再复习。	Xiàwǔ zài fùxí.
后天再去电脑室。	Hòutiān zài qù diànnǎoshì.
星期天再喝（酒）吗？	Xīngqītiān zài hē (jiǔ) ma?

A83

5 "吧"

勧誘・推量や軽い命令を表す。「～しましょう」「～でしょう」「～しなさい」

咱们一起说吧。	Zánmen yìqǐ shuō ba.
他是英语翻译吧？	Tā shì Yīngyǔ fānyì ba?
你马上去吧。	Nǐ mǎshàng qù ba.

補充語句

看 kàn	動	見る、読む	起床 qǐchuáng	動	起床する、起きる
电影 diànyǐng	名	映画	早饭 zǎofàn	名	朝食
超市 chāoshì	名	スーパーマーケット	英语 Yīngyǔ	名	英語
逛 guàng	動	ぶらぶらする	睡 shuì	動	寝る
公园 gōngyuán	名	公園	走 zǒu	動	歩く
分 fēn	量	(時間) 分	电脑室 diànnǎoshì	名	コンピューター室
刻 kè	量	(時間) 15分	喝 hē	動	飲む
秒 miǎo	量	(時間) 秒	酒 jiǔ	名	酒
半 bàn	数	(時間) 30分	说 shuō	動	話す、言う
差 chà	動	足りない	翻译 fānyì	名	通訳
现在 xiànzài	名	現在、いま	马上 mǎshàng	副	すぐ

ドリル

1 次の中から最も適当な言葉を選んで ( ) に入れなさい。

[零　逛　再　吧　对　说]

① 他是英语老师 ( )。

② 八点 ( ) 六分。

③ 明天 ( ) 公园。

④ 后天 ( ) 去吧。

2 次の中国語を日本語の意味に合うように並べ替えなさい。

① 私は毎日7時半に朝ごはんを食べます。
　　早饭　七点　我　半　吃　每天

② (私達) 明日また飲みましょう。
　　喝　我们　吧　明天　再

③ あなたは日曜日に公園に行きますか。
　　你　吗　公园　去　星期天

④ 私は毎日2時間復習をします。
　　小时　我　复习　每天　两个

3　次のピンインを中国語の漢字に直し、日本語に訳しなさい。

① Míngtiān zài fùxí ba.

漢字：＿＿＿＿＿＿＿＿＿＿＿＿　　日本語訳：＿＿＿＿＿＿＿＿＿＿＿

② Míngnián nǐ yě qù ba.

漢字：＿＿＿＿＿＿＿＿＿＿＿＿　　日本語訳：＿＿＿＿＿＿＿＿＿＿＿

③ Tā qù diànnǎoshì ma?

漢字：＿＿＿＿＿＿＿＿＿＿＿＿　　日本語訳：＿＿＿＿＿＿＿＿＿＿＿

④ Wǒ měitiān xuéxí sān ge xiǎoshí.

漢字：＿＿＿＿＿＿＿＿＿＿＿＿　　日本語訳：＿＿＿＿＿＿＿＿＿＿＿

4　次の日本語を中国語に訳しなさい。

① 鈴木さんは文学部の学生でしょう。

＿＿＿＿＿＿＿＿＿＿＿＿＿＿＿＿＿＿＿＿＿＿＿＿＿＿＿＿＿＿＿＿

② あの服を買いますか。

＿＿＿＿＿＿＿＿＿＿＿＿＿＿＿＿＿＿＿＿＿＿＿＿＿＿＿＿＿＿＿＿

③ 私は毎日1時間歩きます。

＿＿＿＿＿＿＿＿＿＿＿＿＿＿＿＿＿＿＿＿＿＿＿＿＿＿＿＿＿＿＿＿

④ 田中さんは来年また中国に行きます。

＿＿＿＿＿＿＿＿＿＿＿＿＿＿＿＿＿＿＿＿＿＿＿＿＿＿＿＿＿＿＿＿

5 次の質問に実際の状況に基づき、中国語で答えなさい。

① _____

② _____

③ _____

④ _____

第 六 课 　　参观 校园
Dì liù kè 　Cānguān xiàoyuán

A86 **会 話 文**

铃木　体育馆　在　哪儿？
Tǐyùguǎn　zài　nǎr?

田中　在　图书馆　的　后边儿。
Zài　túshūguǎn　de　hòubianr.

铃木　图书馆　离　食堂　远　吗？
Túshūguǎn　lí　shítáng　yuǎn　ma?

田中　从　图书馆　到　食堂　不　太　远。
Cóng　túshūguǎn　dào　shítáng　bú　tài　yuǎn.

铃木　书店　在　学生　会馆　附近　吧？
Shūdiàn　zài　xuéshēng　huìguǎn　fùjìn　ba?

田中　对。在　学生　会馆　左边儿。
Duì.　Zài　xuéshēng　huìguǎn　zuǒbianr.

铃木　书店　里　有　中文书　吗？
Shūdiàn　li　yǒu　Zhōngwénshū　ma?

田中　有，我　昨天　又　买了　一　本　中文　漫画。
Yǒu,　wǒ　zuótiān　yòu　mǎile　yì　běn　Zhōngwén　mànhuà.

新出語句

参观 cānguān	動	見学する	不太 bú tài			あまり～ない
体育馆 tǐyùguǎn	名	体育館	书店 shūdiàn	名	本屋	
在 zài	動	～にある、～にいる	学生会馆 xuéshēng huìguǎn	名	学生ホール	
哪儿 nǎr	代	どこ	附近 fùjìn	名	附近	
后边儿 hòubianr	名	後ろ	左边儿 zuǒbianr	名	左、左側	
离 lí	前	（場所）から	里 lǐ	名	～の中	
食堂 shítáng	名	食堂	又 yòu	副	また	
从 cóng	前	～から	漫画 mànhuà	名	マンガ	
到 dào	前	～まで				

文　法

1　指示代詞（2）

近称（ここ）	遠称（そこ、あそこ）	疑問（どこ）
这儿 zhèr ／这里 zhèli	那儿 nàr ／那里 nàli	哪儿 nǎr ／哪里 nǎli

2　方位詞

	东 dōng	南 nán	西 xī	北 běi	左 zuǒ	右 yòu	上 shàng	下 xià	前 qián	后 hòu	里 lǐ	外 wài	旁 páng	对 duì
边（儿） biān(r)	+	+	+	+	+	+	+	+	+	+	+	+	+	−
面（儿） miàn(r)	+	+	+	+	+	+	+	+	+	+	+	+	−	+

59

3 所在を表す "在"

「〜は…にある／いる」

我的手机在桌子上。	Wǒ de shǒujī zài zhuōzi shang.
她不在银行。	Tā bú zài yínháng.
洗手间在哪儿?	Xǐshǒujiān zài nǎr?

4 前置詞 "离"、"从…到…"

"离" は「〜は…から」。

银行离邮局不太远。	Yínháng lí yóujú bú tài yuǎn.
你家离车站远吗?	Nǐ jiā lí chēzhàn yuǎn ma?

"从…到…" は「〜から…まで」。

从我家到学校要一个小时。	Cóng wǒ jiā dào xuéxiào yào yí ge xiǎoshí.
我从九点到十点半学习外语。	Wǒ cóng jiǔ diǎn dào shí diǎn bàn xuéxí wàiyǔ.

5 "了"(2)

動作の完了を表す。「〜した」

我买了一件衣服。	Wǒ mǎile yí jiàn yīfu.
他昨天没(有)来学校。	Tā zuótiān méi(yǒu) lái xuéxiào.
你昨天买了几本小说?	Nǐ zuótiān mǎile jǐ běn xiǎoshuō?

補充語句

东 dōng	名	東		对面儿 duìmiànr	名	向かい側
南 nán	名	南		桌子 zhuōzi	名	机
西 xī	名	西		银行 yínháng	名	銀行
北 běi	名	北		洗手间 xǐshǒujiān	名	トイレ
右边儿 yòubianr	名	右、右側		邮局 yóujú	名	郵便局
上边儿 shàngbianr	名	上、上の方		车站 chēzhàn	名	駅
下边儿 xiàbianr	名	下、下の方		学校 xuéxiào	名	学校
前边儿 qiánbianr	名	前、前方		要 yào	動	(時間が) かかる
里边儿 lǐbianr	名	内、内側		外语 wàiyǔ	名	外国語
外边儿 wàibianr	名	外、外側		来 lái	動	来る
旁边儿 pángbiānr	名	そば		小说 xiǎoshuō	名	小説

ドリル

1　次の中から最も適当な言葉を選んで（　　）に入れなさい。

　　　［了　　离　　在　　没　　有　　是］

① 我家不（　　）她家对面儿。

② 这儿（　　）学校很远。

③ 我们昨天（　　）去书店。

④ 他看（　　）一个小时书。

2　次の中国語を日本語の意味に合うように並べ替えなさい。

① 銀行は本屋の左側にあります。

　　銀行　左边儿　书店　在

② 彼は雑誌を2冊買いました。

　　他　了　两　杂志　本　买

③ 学校から駅まで非常に遠いです。

　　到　学校　从　非常　车站　远

④ 食堂の後ろに何がありますか。

　　食堂　什么　后边儿　有

3　次のピンインを中国語の漢字に直し、日本語に訳しなさい。

① Wǒmen xuéxiào zài chāoshì de dōngbianr.

　　漢字：＿＿＿＿＿＿＿＿＿＿　　日本語訳：＿＿＿＿＿＿＿＿＿＿

② Shítáng lí túshūguǎn bú tài yuǎn.

　　漢字：＿＿＿＿＿＿＿＿＿＿　　日本語訳：＿＿＿＿＿＿＿＿＿＿

③ Tā zuótiān wǎnshang xuéxíle yí ge xiǎoshí Yīngyǔ.

　　漢字：＿＿＿＿＿＿＿＿＿＿　　日本語訳：＿＿＿＿＿＿＿＿＿＿

④ Tā méi mǎi shǒujī.

　　漢字：＿＿＿＿＿＿＿＿＿＿　　日本語訳：＿＿＿＿＿＿＿＿＿＿

4　次の日本語を中国語に訳しなさい。

① キャンパスの中に銀行がありますか。

_____

② 私は家にいます。

_____

③ ここは図書館から遠いですか。

_____

④ 彼は昨日体育館に来ませんでした。

_____

A93 **5**　次の質問に実際の状況に基づき、中国語で答えなさい。

①　_____

②　_____

③　_____

④　_____

第七课　　兴趣　爱好
Dì qī kè　　Xìngqù　àihào

B02 **会 话 文**

铃木　你　学过　什么？
　　　Nǐ　xuéguo　shénme?

田中　我　学过　钢琴。　你　的　爱好　呢？
　　　Wǒ　xuéguo　gāngqín.　Nǐ　de　àihào　ne?

铃木　我　喜欢　打　棒球。
　　　Wǒ　xǐhuan　dǎ　bàngqiú.

田中　你　棒球　一定　打　得　很　好　吧？
　　　Nǐ　bàngqiú　yídìng　dǎ　de　hěn　hǎo　ba?

铃木　还　可以。　你　也　会　打　吗？
　　　Hái　kěyǐ.　Nǐ　yě　huì　dǎ　ma?

田中　我　不　会。　不过　我　喜欢　游泳。
　　　Wǒ　bú　huì.　Búguò　wǒ　xǐhuan　yóuyǒng.

铃木　你　能　游　多　远？
　　　Nǐ　néng　yóu　duō　yuǎn?

田中　我　能　游　五百　米　左右。
　　　Wǒ　néng　yóu　wǔbǎi　mǐ　zuǒyòu.

新出語句

兴趣 xìngqù	名	興味		好 hǎo	形	よい	
爱好 àihào	名	趣味		还可以 hái kěyǐ		まあまあだ	
过 guo	助	～したことがある		会 huì	助動	～できる	
钢琴 gāngqín	名	ピアノ		不过 búguò	接	しかし	
喜欢 xǐhuan	助動	好む、好きである		游泳 yóuyǒng	動	泳ぐ	
打 dǎ	動	（球技を）する		能 néng	助動	～できる	
棒球 bàngqiú	名	野球		米 mǐ	量	メートル	
一定 yídìng	副	きっと、必ず		左右 zuǒyòu	名	～くらい	
～得… ~de…	助	補語を導く。 ～するのが…だ					

文　法

1　経験を表す "过"

「～したことがある」

我看过这本漫画。	Wǒ kànguo zhè běn mànhuà.
我没吃过北京烤鸭。	Wǒ méi chīguo Běijīng kǎoyā.
你去过法国吗?	Nǐ qùguo Fǎguó ma?

2　助動詞 "会"

習得した技能による。「～できる」

我会踢足球。	Wǒ huì tī zúqiú.
阿姨不会弹钢琴。	Āyí bú huì tán gāngqín.
你会打乒乓球吗?	Nǐ huì dǎ pīngpāngqiú ma?

3 助動詞 "能"

能力や客観的な条件による。「～できる」

我大概能游五百米左右。	Wǒ dàgài néng yóu wǔbǎi mǐ zuǒyòu.
我有事儿，不能去学校。	Wǒ yǒu shìr, bù néng qù xuéxiào.
晚上你能去网吧吗？	Wǎnshang nǐ néng qù wǎngbā ma?

4 様態補語

「～するのが…だ」

叔叔（拉）小提琴拉得不错。	Shūshu (lā) xiǎotíqín lā de búcuò.
我（唱）歌儿唱得不太好。	Wǒ (chàng) gēr chàng de bú tài hǎo.
她（写）字写得好吗？	Tā (xiě) zì xiě de hǎo ma?

補充語句

北京烤鸭 Běijīng kǎoyā	名 北京ダック	叔叔 shūshu	名 おじさん
法国 Fǎguó	名 フランス	拉 lā	動 弾く
踢 tī	動 蹴る	小提琴 xiǎotíqín	名 バイオリン
足球 zúqiú	名 サッカー	不错 búcuò	形 なかなかいい、悪くない
阿姨 āyí	名 おばさん		
弹 tán	動 弾く	唱 chàng	動 歌う
乒乓球 pīngpāngqiú	名 卓球	歌儿 gēr	名 歌
大概 dàgài	副 たぶん、おそらく	写 xiě	動 書く
有事儿 yǒu shìr	用事がある	字 zì	名 字
网吧 wǎngbā	名 インターネット・カフェ		

ドリル

1 次の中から最も適当な言葉を選んで（　　）に入れなさい。

［喜欢　能　会　过　在　有］

① 我没去（　　）她家。　　　　② 他明天（　　）来学校吗?

③ 我们都（　　）学习中文。　　　④ 你（　　）打棒球吗?

2 次の中国語を日本語の意味に合うように並べ替えなさい。

① 彼は歌を歌うのが上手です。

　　歌儿　唱　他　不错　得　唱

② 私はピアノを弾くことができません。

　　我　会　不　钢琴　弹

③ 彼も中国語を学んだことがありません。

　　学　过　没　他　也　中文

④ 今日私は授業があるので、行くことができません。

　　今天　有　课　去　不能　我

3 次のピンインを中国語の漢字に直し、日本語に訳しなさい。

① Míngtiān shuí néng qù shūdiàn?

　　漢字：＿＿＿＿＿＿＿＿＿＿　　日本語訳：＿＿＿＿＿＿＿＿＿＿＿＿

② Wǒ bú huì chàng Zhōngguó gēr.

　　漢字：＿＿＿＿＿＿＿＿＿＿　　日本語訳：＿＿＿＿＿＿＿＿＿＿＿＿

③ Tā yóuyǒng yóu de hǎo ma?

　　漢字：＿＿＿＿＿＿＿＿＿＿　　日本語訳：＿＿＿＿＿＿＿＿＿＿＿＿

④ Tā yě méi xuéguo xiǎotíqín.

　　漢字：＿＿＿＿＿＿＿＿＿＿　　日本語訳：＿＿＿＿＿＿＿＿＿＿＿＿

4 次の日本語を中国語に訳しなさい。

① 彼女は英語が話せます。

_____

② 今日私の姉は大阪に行くので、来られません。

_____

③ 彼は野球をするのが下手です。

_____

④ 私はこの小説を読んだことがありません。

_____

B09 **5** 次の質問に実際の状況に基づき、中国語で答えなさい。

① _____

② _____

③ _____

④ _____

学习　汉语
Xuéxí　Hànyǔ

B10 **会 話 文**

铃木　你　学了　多　长　时间　汉语　了？
Nǐ　xuéle　duō　cháng　shíjiān　Hànyǔ　le?

田中　我　已经　学了　一　年　了。
Wǒ　yǐjing　xuéle　yì　nián　le.

铃木　我　也　想　学　汉语。
Wǒ　yě　xiǎng　xué　Hànyǔ.

田中　你　打算　什么　时候　学？
Nǐ　dǎsuan　shénme　shíhou　xué?

铃木　我　打算　下学期　选修　汉语　课。
Wǒ　dǎsuan　xiàxuéqī　xuǎnxiū　Hànyǔ　kè.

田中　那　咱们　可以　一起　学习　了。
Nà　zánmen　kěyǐ　yìqǐ　xuéxí　le.

铃木　刚才　我　买回来了　一　本　中文　杂志。
Gāngcái　wǒ　mǎihuilaile　yì　běn　Zhōngwén　zázhì.

田中　一起　看看　好　吗？
Yìqǐ　kànkan　hǎo　ma?

新出語句

汉语 Hànyǔ　　　名　中国語

多长时间 duō cháng shíjiān
　　　　　　　どのくらいの時間

已经 yǐjing　　　副　すでに

想 xiǎng　　　助動・動　〜したい、
　　　　　　　　　　考える

打算 dǎsuan　　助動　〜するつもりだ

什么时候 shénme shíhou　いつ

下学期 xiàxuéqī　　名　後期

选修 xuǎnxiū　　動　選択して履修する

那 nà　　　　　接　それでは

可以 kěyǐ　　　助動　〜できる

刚才 gāngcái　　副　さきほど

回来 huílai　　　動　帰って来る

文 法

B12

1　助動詞 "想" "打算"

"想" は「〜したい」。"打算" は「〜するつもりだ」。

我想去图书馆。　　　　　　　Wǒ xiǎng qù túshūguǎn.

他不想打网球。　　　　　　　Tā bù xiǎng dǎ wǎngqiú.

我打算学汉语。　　　　　　　Wǒ dǎsuan xué Hànyǔ.

你打算去中国吗?　　　　　　Nǐ dǎsuan qù Zhōngguó ma?

B13

2　動詞＋"了"＋時間／数量＋目的語＋"了"

いままでのところどうなのかを表す。

他打了三年棒球了。　　　　　Tā dǎle sān nián bàngqiú le.

我已经喝了两杯咖啡了。　　　Wǒ yǐjing hēle liǎng bēi kāfēi le.

田中学了几年汉语了?　　　　Tiánzhōng xuéle jǐ nián Hànyǔ le?

3　方向補語

	上 shàng 上がる	下 xià 下がる／下りる	进 jìn 入る	出 chū 出る	回 huí 戻る／帰る	过 guò 過ぎる	起 qǐ 起きる
来 lái 来る	上来 shànglai	下来 xiàlai	进来 jìnlai	出来 chūlai	回来 huílai	过来 guòlai	起来 qǐlai
去 qù 行く	上去 shàngqu	下去 xiàqu	进去 jìnqu	出去 chūqu	回去 huíqu	过去 guòqu	——

●単純方向補語

老师进教室来了。　　　　　　　　Lǎoshī jìn jiàoshì lái le.

他们回去了。　　　　　　　　　　Tāmen huíqu le.

爸爸回来了吗?　　　　　　　　　Bàba huílai le ma?

●複合方向補語

老师走进教室去了。　　　　　　　Lǎoshī zǒujìn jiàoshì qù le.

他买回来了一本小说。　　　　　　Tā mǎihuilaile yì běn xiǎoshuō.

我妹妹从那边儿走过来了。　　　　Wǒ mèimei cóng nàbiānr zǒuguolai le.

4　動詞の重ね型

「ちょっと〜する」

我看(一)看。　　　　　　　　　Wǒ kàn (yi) kan.

我想了想。　　　　　　　　　　　Wǒ xiǎngle xiǎng.

咱们休息休息吧。　　　　　　　　Zánmen xiūxixiūxi ba.

5　助動詞"可以"

可能や許可を表す。「〜できる」「〜してよい」

我可以进来吗?　　　　　　　　　Wǒ kěyǐ jìnlai ma?

这本书可以借几天?　　　　　　　Zhè běn shū kěyǐ jiè jǐ tiān?

这儿不能抽烟。　　　　　　　　　Zhèr bù néng chōu yān.

補充語句

网球 wǎngqiú	名	テニス		出去 chūqu	動	出て行く
杯 bēi	量	～杯		回去 huíqu	動	帰って行く
咖啡 kāfēi	名	コーヒー		过来 guòlai	動	やって来る
上来 shànglai	動	上がって来る		过去 guòqu	動	さって行く /
上去 shàngqu	動	上がって行く				離れて行く
下来 xiàlai	動	下がって来る /		起来 qǐlai	動	起き上がる
		下りて来る		那边儿 nàbiānr	代	あちら
下去 xiàqu	動	下がって行く /		休息 xiūxi	動	休む
		下りて行く		借 jiè	動	借りる
进来 jìnlai	動	入って来る		天 tiān	量	～日間
进去 jìnqu	動	入って行く		抽烟 chōu yān	動	タバコを吸う
出来 chūlai	動	出て来る				

ドリル

1 次の中から最も適当な言葉を選んで （　　）に入れなさい。

　　［打算　　可以　　去　　过来　　休息　　喜欢］

① 我 （　　） 进来吗?

② 他 （　　） 明年去美国。

③ 我们老师从那边儿走 （　　） 了。

④ 她已经回 （　　） 了。

2 次の中国語を日本語の意味に合うように並べ替えなさい。

① 彼は銀行から歩いて出て来ました。

出来　里　银行　从　走　他　了

② 私はすでに1年間ピアノを学んできました。

我　一年　学了　已经　了　钢琴

③ 父は夜6時に帰って来ます。

爸爸　回来　六点　晚上

④ 私はこのマンガをちょっと読みたいです。

想　这本　看　漫画　我　看

3 次のピンインを中国語の漢字に直し、日本語に訳しなさい。

① Nǐ dǎle jǐ nián wǎngqiú le?

漢字：＿＿＿＿＿＿＿＿＿　日本語訳：＿＿＿＿＿＿＿＿＿

② Wǒ zuótiān méi qù túshūguǎn.

漢字：＿＿＿＿＿＿＿＿＿　日本語訳：＿＿＿＿＿＿＿＿＿

③ Nǐ xiǎng kàn zhè běn xiǎoshuō ma?

漢字：＿＿＿＿＿＿＿＿＿　日本語訳：＿＿＿＿＿＿＿＿＿

④ Wǒmen xuéxixuéxi Yīngyǔ ba.

漢字：＿＿＿＿＿＿＿＿＿　日本語訳：＿＿＿＿＿＿＿＿＿

4　次の日本語を中国語に訳しなさい。

① 彼女は教室に戻って行った。

_____

② ここでタバコを吸ってもいいですか。

_____

③ 私は午後図書館へ行きたいです。

_____

④ 私は来年中国語を履修するつもりです。

_____

B18　**5**　次の質問に実際の状況に基づき、中国語で答えなさい。

① _____

② _____

③ _____

④ _____

第 九 课　广 交 朋 友
Dì jiǔ kè　Guǎng jiāo péngyou

B19 | 会 話 文

铃木　我　最近　交了　几　个　新　朋友。
　　　Wǒ　zuìjìn　jiāole　jǐ　ge　xīn　péngyou.

田中　是　吗?　是　日本人　还是　外国人?
　　　Shì　ma?　Shì　Rìběnrén　háishi　wàiguórén?

铃木　有　日本人，　也　有　外国人。
　　　Yǒu　Rìběnrén,　yě　yǒu　wàiguórén.

田中　有　没有　非洲人?
　　　Yǒu　méiyǒu　Fēizhōurén?

铃木　有　一　个，　他　个子　很　高。
　　　Yǒu　yí　ge,　tā　gèzi　hěn　gāo.

田中　我　也　想　跟　外国人　交　朋友。
　　　Wǒ　yě　xiǎng　gēn　wàiguórén　jiāo　péngyou.

铃木　那　我　给　你　介绍介绍。
　　　Nà　wǒ　gěi　nǐ　jièshaojièshao.

田中　好!　谢谢!
　　　Hǎo!　Xièxie!

75

新出語句

广 guǎng	形	広い
交 jiāo	動	交際する
朋友 péngyou	名	友達
最近 zuìjìn	名	最近
还是 háishi	接	それとも
外国人 wàiguórén	名	外国人

非洲人 Fēizhōurén	名	アフリカ人
个子 gèzi	名	（人の）背丈、身長
跟 gēn	前	～と
给 gěi	前	～に、～のために
介绍 jièshào	動	紹介する

文 法

1 選択疑問文

「AかそれともBか」

你喝乌龙茶还是喝红茶?	Nǐ hē wūlóngchá háishi hē hóngchá?
麦当劳在东边儿还是在西边儿?	Màidāngláo zài dōngbianr háishi zài xībianr?
他是意大利人还是德国人?	Tā shì Yìdàlìrén háishi Déguórén?

2 反復疑問文

動詞、形容詞、助動詞の肯定形＋否定形にして表す。

你明天打不打篮球?	Nǐ míngtiān dǎ bu dǎ lánqiú?
他现在忙不忙?	Tā xiànzài máng bu máng?
你会不会下象棋?	Nǐ huì bu huì xià xiàngqí?

3 主述述語文

「～は…が～だ」

那个女孩子头发很长。	Nàge nǚháizi tóufa hěn cháng.
这套家具价格不太贵。	Zhè tào jiājù jiàgé bú tài guì.
东京的夏天气温高吗?	Dōngjīng de xiàtiān qìwēn gāo ma?

4 前置詞 "跟" "给"

"跟" は「～と」。"给" は「～に、～のために」。

我常常跟姐姐一起散步。	Wǒ chángcháng gēn jiějie yìqǐ sànbù.
昨天她没给我发短信。	Zuótiān tā méi gěi wǒ fā duǎnxìn.
你能不能给我们包饺子？	Nǐ néng bu néng gěi wǒmen bāo jiǎozi?

補充語句

乌龙茶 wūlóngchá	名	ウーロン茶
红茶 hóngchá	名	紅茶
麦当劳 Màidāngláo	名	マクドナルド
意大利人 Yìdàlìrén	名	イタリア人
德国人 Déguórén	名	ドイツ人
篮球 lánqiú	名	バスケットボール
忙 máng	形	忙しい
下 xià	動	（将棋を）指す
象棋 xiàngqí	名	中国将棋
女孩子 nǚháizi	名	女の子、若い女性
头发 tóufa	名	髪の毛
套 tào	量	セット、～組

家具 jiājù	名	家具
价格 jiàgé	名	価格、値段
贵 guì	形	（値段が）高い
夏天 xiàtiān	名	夏
气温 qìwēn	名	気温
常常 chángcháng	副	いつも、常に
散步 sànbù	動	散歩する
发 fā	動	発送する、出す
短信 duǎnxìn	名	携帯メール
包 bāo	動	包む、（ギョーザを）作る
饺子 jiǎozi	名	ギョーザ

ドリル

1 次の中から最も適当な言葉を選んで（　）に入れなさい。

[跟　　给　　也是　　还是　　做　　交]

① 我最近（　　）了一个新朋友。

② 他是美国人（　　）德国人？

③ 你能不能（　　）我介绍介绍？

④ 我（　　）朋友一起去公园。

2 次の中国語を日本語の意味に合うように並べ替えなさい。

① 私の友達は背が高くありません。

  个子　我　高　朋友　不

② 私は妹と一緒に中国語を学びます。

  我　妹妹　跟　一起　汉语　学

③ 彼はバスケットボールをしますか、それとも野球をしますか。

  还是　打　棒球　他　打　篮球

④ あなたは今度の土曜日時間がありますか。

  有没有　这个　时间　你　星期六

3 次のピンインを中国語の漢字に直し、日本語に訳しなさい。

① Zhōngguó péngyou gěi wǒ bāo jiǎozi.

  漢字： _____　　日本語訳： _____

② Nǐ xiǎng bu xiǎng xué Hànyǔ?

  漢字： _____　　日本語訳： _____

③ Nǐ qù túshūguǎn háishi qù shūdiàn?

  漢字： _____　　日本語訳： _____

④ Jīntiān qìwēn hěn dī.

  漢字： _____　　日本語訳： _____

4 次の日本語を中国語に訳しなさい。

① あなたは学生ですか、それとも会社員ですか。

_____

② あなたはウーロン茶を飲みますか。（反復疑問文）

_____

③ このネクタイは値段がとても高いです。

_____

④ 私も外国人と友達になりたいです。

_____

B26 **5** 次の質問に実際の状況に基づき、中国語で答えなさい。

① _____

② _____

③ _____

④ _____

周末 活动
Zhōumò huódòng

B27 会 话 文

铃木　你　平时　怎么　过　周末?
　　　　Nǐ　píngshí　zěnme　guò　zhōumò?

田中　上网　聊聊天儿，　或者　听听　音乐。　你　呢?
　　　　Shàngwǎng liáoliaotiānr, huòzhě tīngting yīnyuè. Nǐ ne?

铃木　有时　去　唱　卡拉OK，　有时　去　博物馆　参观。
　　　　Yǒushí qù chàng kǎlāOK, yǒushí qù bówùguǎn cānguān.

田中　现在　有　什么　展览?
　　　　Xiànzài yǒu shénme zhǎnlǎn?

铃木　有　一　个　中国　文物　展，我　去　看了　一　次。
　　　　Yǒu yí ge Zhōngguó wénwù zhǎn, wǒ qù kànle yí cì.

田中　怎么样?
　　　　Zěnmeyàng?

铃木　不错。你　也　应该　去　看看。
　　　　Búcuò. Nǐ yě yīnggāi qù kànkan.

田中　周末　要　写　论文，我　想　写完　去。
　　　　Zhōumò yào xiě lùnwén, wǒ xiǎng xiěwán qù.

新出語句

周末 zhōumò	名	週末	
活动 huódòng	名	活動	
平时 píngshí	名	ふだん	
怎么 zěnme	代	どうやって、どのように	
过 guò	動	過ごす	
上网 shàngwǎng	動	インターネットをする	
聊天儿 liáotiānr	動	世間話をする、雑談する	
或者 huòzhě	接	あるいは	
听 tīng	動	聞く	
音乐 yīnyuè	名	音楽	

有时 yǒushí	副	時には、ある時は	
卡拉 OK kǎlāOK	名	カラオケ	
博物馆 bówùguǎn	名	博物館	
展览 zhǎnlǎn	名	展覧会	
文物 wénwù	名	文物、文化財	
次 cì	量	〜回	
怎么样 zěnmeyàng	代	どうですか、いかがですか	
应该 yīnggāi	助動	〜すべきである	
要 yào	助動	〜しなければならない	
论文 lùnwén	名	論文	
完 wán	動	終わる	

文 法

1 "怎么"(1)

「どうやって」「どのように」

你怎么去饭店?	Nǐ zěnme qù fàndiàn?
这个汉字怎么写?	Zhège Hànzì zěnme xiě?
大闸蟹怎么吃?	Dàzháxiè zěnme chī?

2 連動文

述語が2つ以上の動詞からなる文。

周末我去看展览。	Zhōumò wǒ qù kàn zhǎnlǎn.
我不坐地铁来大学。	Wǒ bú zuò dìtiě lái dàxué.
你打算去美国旅游吗?	Nǐ dǎsuan qù Měiguó lǚyóu ma?

3 　**動量補語**

動作・行為の回数などを表す "次" "遍" "趟"。

我们参观了一次那个工厂。　　　　　Wǒmen cānguānle yí cì nàge gōngchǎng.

这篇论文我看了两遍。　　　　　　　Zhè piān lùnwén wǒ kànle liǎng biàn.

上个月她去了三趟北京。　　　　　　Shàngge yuè tā qùle sān tàng Běijīng.

4 　**助動詞 "要" "应该"**

"要" は「〜しなければならない」。"应该" は「〜すべきである」。
"要" の否定は "不用"。

你要按时吃药。　　　　　　　　　　Nǐ yào ànshí chī yào.

我现在不用打工。　　　　　　　　　Wǒ xiànzài búyòng dǎgōng.

学汉语应该买词典吗？　　　　　　　Xué Hànyǔ yīnggāi mǎi cídiǎn ma?

5 　**結果補語**

動作の結果を表す。

我看错了地址。　　　　　　　　　　Wǒ kàncuòle dìzhǐ.

他没听懂老师的话。　　　　　　　　Tā méi tīngdǒng lǎoshī de huà.

你们学完第十课了吗？　　　　　　　Nǐmen xuéwán dì shí kè le ma?

補充語句

饭店 fàndiàn	名	ホテル、料理店
汉字 Hànzì	名	漢字
大闸蟹 dàzháxiè	名	上海蟹
坐 zuò	動	乗る、座る
地铁 dìtiě	名	地下鉄
旅游 lǚyóu	動	旅行する、観光する
工厂 gōngchǎng	名	工場
篇 piān	量	～本、～篇（文章を数える）
遍 biàn	量	（始めから終わりまで）～回

趟 tàng	量	往復動作の回数
按时 ànshí	副	時間どおりに
药 yào	名	薬
不用 búyòng	副	～する必要がない
打工 dǎgōng	動	アルバイトをする
词典 cídiǎn	名	辞書
错 cuò	形	正しくない、間違っている
地址 dìzhǐ	名	住所
听懂 tīngdǒng		聞いて分かる
话 huà	名	話し

ドリル

1 次の中から最も適当な言葉を選んで（　　）に入れなさい。

［怎么　趟　遍　应该　完　懂］

① 我看了一（　　）这本小说。
② 他听（　　）我的话了吗?
③ 学生（　　）每天学习。
④ 我去过两（　　）美国。

2 次の中国語を日本語の意味に合うように並べ替えなさい。

① あなたの名前はどのように書きますか。
　写　名字　的　你　怎么
② 明日私はスーパーマーケットに行かなければなりません。
　去　我　要　明天　超市
③ 私達は展覧会を2回見に行きました。
　我们　去　两次　看　展览　了
④ 彼は時には野球をし、時には水泳をします。
　游泳　打　有时　棒球　他　有时

3　次のピンインを中国語の漢字に直し、日本語に訳しなさい。

① Nǐ kànwán nà běn shū le ma?

　　漢字：＿＿＿＿＿＿＿＿＿＿＿＿　　日本語訳：＿＿＿＿＿＿＿＿＿＿＿

② Xiàwǔ wǒ yào qù dàxué.

　　漢字：＿＿＿＿＿＿＿＿＿＿＿＿　　日本語訳：＿＿＿＿＿＿＿＿＿＿＿

③ Wǒ kàncuòle tā de míngzi.

　　漢字：＿＿＿＿＿＿＿＿＿＿＿＿　　日本語訳：＿＿＿＿＿＿＿＿＿＿＿

④ Míngtiān qù chàng kǎlāOK, zěnmeyàng?

　　漢字：＿＿＿＿＿＿＿＿＿＿＿＿　　日本語訳：＿＿＿＿＿＿＿＿＿＿＿

4　次の日本語を中国語に訳しなさい。

① 私はこの映画を3回見ました。

　＿＿＿＿＿＿＿＿＿＿＿＿＿＿＿＿＿＿＿＿＿＿＿＿＿＿＿＿＿＿＿＿＿＿

② テニスをし終えたら泳ぎに行きます。

　＿＿＿＿＿＿＿＿＿＿＿＿＿＿＿＿＿＿＿＿＿＿＿＿＿＿＿＿＿＿＿＿＿＿

③ 今上海の天気はいかがですか。

　＿＿＿＿＿＿＿＿＿＿＿＿＿＿＿＿＿＿＿＿＿＿＿＿＿＿＿＿＿＿＿＿＿＿

④ 今年論文を書く必要はありません。

　＿＿＿＿＿＿＿＿＿＿＿＿＿＿＿＿＿＿＿＿＿＿＿＿＿＿＿＿＿＿＿＿＿＿

B35 **5** 次の質問に実際の状況に基づき、中国語で答えなさい。

① _____

② _____

③ _____

④ _____

第 十一 课　　超市　购物
Dì shíyī kè　　Chāoshì gòuwù

B36　**会 话 文**

铃木
你 买 什么 了?
Nǐ mǎi shénme le?

田中
我 买了 一 瓶 香波。
Wǒ mǎile yì píng xiāngbō.

铃木
一 瓶 多少 钱?
Yì píng duōshao qián?

田中
六百 三十 日元, 相当 于 三十 多 块 人民币。
Liùbǎi sānshí rìyuán, xiāngdāng yú sānshí duō kuài rénmínbì.

铃木
我 想 买 一点儿 肉 和 蔬菜。
Wǒ xiǎng mǎi yìdiǎnr ròu hé shūcài.

田中
这 种 牛肉 是 从 澳大利亚 进口 的。
Zhè zhǒng niúròu shì cóng Àodàlìyà jìnkǒu de.

铃木
国产 的 牛肉 有点儿 贵, 买 进口 的 吧。
Guóchǎn de niúròu yǒudiǎnr guì, mǎi jìnkǒu de ba.

田中
南瓜 和 青椒 很 便宜, 我 想 买 一点儿。
Nánguā hé qīngjiāo hěn piányi, wǒ xiǎng mǎi yìdiǎnr.

新出語句

购物 gòuwù	動	買い物をする	
瓶 píng	量	～本	
香波 xiāngbō	名	シャンプー	
钱 qián	名	お金	
多少钱 duōshao qián		いくらですか	
日元 rìyuán	名	円	
相当 xiāngdāng	動	相当する	
于 yú	前	～に	
块 kuài	量	～元（中国貨幣の単位）	
人民币 rénmínbì	名	人民元	
一点儿 yìdiǎnr	数量	少し
肉 ròu	名	肉
蔬菜 shūcài	名	野菜
种 zhǒng	量	～種、～種類
澳大利亚 Àodàlìyà	名	オーストラリア
进口 jìnkǒu	動	輸入する
国产 guóchǎn	形	国産の
有点儿 yǒudiǎnr	副	ちょっと
南瓜 nánguā	名	かぼちゃ
青椒 qīngjiāo	名	ピーマン
便宜 piányi	形	安い

文　法

1　金額の言い方

中国の貨幣単位は十進法である。

書き言葉	元 yuán	角 jiǎo	分 fēn
話し言葉	块 kuài	毛 máo	分 fēn

这个冰箱多少钱?　　　　　　　Zhège bīngxiāng duōshao qián?

　一千八百五十（块）。　　　　Yìqiān bābǎi wǔshí (kuài).

一个包子多少钱?　　　　　　　Yí ge bāozi duōshao qián?

　一块七毛五（分）。　　　　　Yí kuài qī máo wǔ (fēn).

2 "是…的"

「～したのです」

这是去年买的。	Zhè shì qùnián mǎi de.
田中不是坐船去的。	Tiánzhōng bú shì zuò chuán qù de.
你是从北海道来的吗?	Nǐ shì cóng Běihǎidào lái de ma?

3 "有点儿"

「ちょっと～」「少し～」。形容詞の前に置き、好ましくない意味を表す。

这种橘子有点儿酸。	Zhè zhǒng júzi yǒudiǎnr suān.
最近我有点儿忙。	Zuìjìn wǒ yǒudiǎnr máng.
这个中国菜有点儿辣。	Zhège Zhōngguócài yǒudiǎnr là.

4 "（一）点儿"

「少し～」。動詞や形容詞の後ろに置き、量が少ない意味を表す。

我想吃（一）点儿饭。	Wǒ xiǎng chī (yì)diǎnr fàn.
这个比那个便宜（一）点儿。	Zhège bǐ nàge piányi (yì)diǎnr.
你能不能快（一）点儿?	Nǐ néng bu néng kuài (yì)diǎnr?

補充語句

元 yuán	量	～元（中国貨幣の単位）
角 jiǎo	量	～角（中国貨幣の単位）
分 fēn	量	～分（中国貨幣の単位）
毛 máo	量	～角（中国貨幣の単位）
冰箱 bīngxiāng	名	冷蔵庫
包子 bāozi	名	中華まんじゅう
船 chuán	名	船
北海道 Běihǎidào	名	〈地名〉北海道
橘子 júzi	名	ミカン
酸 suān	形	酸っぱい
辣 là	形	辛い
饭 fàn	名	ご飯
快 kuài	形	早い

1 次の中から最も適当な言葉を選んで（　　）に入れなさい。

[的　多少　得　是　有点儿　一点儿]

① 这本漫画不是买来（　　　）。
② 国产的比进口的贵（　　　）。
③ 这个大闸蟹（　　　）钱?
④ 这条裤子（　　　）短。

2 次の中国語を日本語の意味に合うように並べ替えなさい。

① 紅茶は１本いくらですか。
　　一瓶　钱　多少　红茶
② 私は野菜を少し買いたいです。
　　蔬菜　想　我　一点儿　买
③ 私は東京から来たのです。
　　东京　是　我　从　的　来
④ 雑誌は１冊８元５分です。
　　一本　零　八块　杂志　五

3 次のピンインを中国語の漢字に直し、日本語に訳しなさい。

① Nà běn shū shì cóng túshūguǎn jièlai de ma?

　　漢字：＿＿＿＿＿＿＿＿＿＿＿　　日本語訳：＿＿＿＿＿＿＿＿＿＿

② Wǒ mǎile yìdiǎnr qīngjiāo.

　　漢字：＿＿＿＿＿＿＿＿＿＿＿　　日本語訳：＿＿＿＿＿＿＿＿＿＿

③ Jīntiān yǒudiǎnr rè.

　　漢字：＿＿＿＿＿＿＿＿＿＿＿　　日本語訳：＿＿＿＿＿＿＿＿＿＿

④ Zhè běn cídiǎn bǐ nà běn piányi yìdiǎnr.

　　漢字：＿＿＿＿＿＿＿＿＿＿＿　　日本語訳：＿＿＿＿＿＿＿＿＿＿

4 次の日本語を中国語に訳しなさい。

① 彼は船で行ったのではありません。

_____

② 私はウーロン茶を少し飲みたいです。

_____

③ このシャンプーはいくらですか。

_____

④ この洋服は少し高いです。

_____

B43 **5** 次の質問に実際の状況に基づき、中国語で答えなさい。

① _____

② （"有点儿"を使う）_____

③ （"一点儿"を使う）_____

④ _____

B44 **会 話 文**

铃木
你　看，　红叶　多　漂亮　啊！
Nǐ　kàn,　hóngyè　duō piàoliang　a!

田中
我　带着　相机　呢。　咱们　来　照　张　相　吧。
Wǒ　dàizhe　xiàngjī　ne.　Zánmen　lái　zhào zhāng xiàng　ba.

铃木
春天　很　多　人　来　赏樱　吧?
Chūntiān hěn　duō　rén　lái　shǎngyīng　ba?

田中
是　啊，　樱花　盛开　时，　校园　好像　花海　一样。
Shì　a,　yīnghuā shèngkāi shí,　xiàoyuán hǎoxiàng huāhǎi　yíyàng.

铃木
冬天　也　很　美　吧?
Dōngtiān yě　hěn　měi　ba?

田中
对，　去年　下　雪　时，　我　拍了　很　多　雪景。
Duì,　qùnián　xià　xuě　shí,　wǒ　pāile　hěn　duō　xuějǐng.

铃木
你　把　那些　照片　给　我　看看，　好　吗?
Nǐ　bǎ　nàxiē　zhàopiàn gěi　wǒ　kànkan,　hǎo　ma?

田中
当然　可以！
Dāngrán　kěyǐ!

91

新出語句

季节 jìjié	名	季節	
变化 biànhuà	名	変化	
红叶 hóngyè	名	紅葉	
漂亮 piàoliang	形	きれいである	
带 dài	動	持つ	
着 zhe	助	～している	
相机 xiàngjī	名	カメラ	
呢 ne	助	平叙文の文末に用い状態の継続を表す	
来 lái	動	動詞の前に用い、積極的な姿勢を示す	
照相 zhàoxiàng	動	写真を撮る	
张 zhāng	量	～枚	
春天 chūntiān	名	春	
赏樱 shǎngyīng		花見（をする）	

樱花 yīnghuā	名	桜の花
盛开 shèngkāi		満開である、咲き乱れている
时 shí	名	時
好像…一样 hǎoxiàng … yíyàng		まるで～のようだ
花海 huāhǎi		花の海
冬天 dōngtiān	名	冬
下 xià	動	降る
雪 xuě	名	雪
拍 pāi	動	（写真を）撮る
雪景 xuějǐng	名	雪景色
把 bǎ	前	～を（…する）
照片 zhàopiàn	名	写真
当然 dāngrán	副	もちろん

文 法

1 "好像…（一样）"

「まるで～のようだ」

> 这儿真热闹，好像过年一样。　　Zhèr zhēn rènao, hǎoxiàng guònián yíyàng.
> 今天真热，好像夏天一样。　　　Jīntiān zhēn rè, hǎoxiàng xiàtiān yíyàng.
> 九寨沟的风景好像一幅山水画。　Jiǔzhàigōu de fēngjǐng hǎoxiàng yì fú shānshuǐhuà.

2 "多（么）…啊"

「なんと～だろう」

> 樱花多漂亮啊！　　　　Yīnghuā duō piàoliang a!
> 那个小孩儿多可爱呀！　Nàge xiǎoháir duō kě'ài ya!
> 这件衣服多贵啊！　　　Zhè jiàn yīfu duō guì a!

3 "着"

動作・状態の持続を表す。「～している」

他穿着西装，系着领带。　　　　Tā chuānzhe xīzhuāng, jìzhe lǐngdài.

窗户没开着。　　　　　　　　　Chuānghu méi kāizhe.

你带着电脑吗？　　　　　　　　Nǐ dàizhe diànnǎo ma?

4 "把"

処置を表す。「～を（…する)」

妈妈把电视关了。　　　　　　　Māma bǎ diànshì guān le.

我没把房间打扫干净。　　　　　Wǒ méi bǎ fángjiān dǎsǎo gānjìng.

你把作业写完了吗？　　　　　　Nǐ bǎ zuòyè xiěwán le ma?

5 離合動詞

「動詞＋目的語」の構造である。数量詞などがある場合、動詞と目的語の間に入れる。

我们聊了一会儿天儿。　　　　　Wǒmen liáole yíhuìr tiānr.

我一个星期打两次工。　　　　　Wǒ yí ge xīngqī dǎ liǎng cì gōng.

可以给我照张相吗？　　　　　　Kěyǐ gěi wǒ zhào zhāng xiàng ma?

補充語句

热闹 rènao	形	にぎやかである	窗户 chuānghu	名	窓
过年 guònián	動	新年を祝う	开 kāi	動	開ける、開く
九寨沟 Jiǔzhàigōu	名	〈地名〉九寨溝	电视 diànshì	名	テレビ
风景 fēngjǐng	名	風景	关 guān	動	閉める、電源を切る
幅 fú	量	布地や絵画を数える	房间 fángjiān	名	部屋
山水画 shānshuǐhuà	名	山水画	打扫 dǎsǎo	動	掃除する
小孩儿 xiǎoháir	名	子供	干净 gānjìng	形	清潔である、きれいである
可爱 kě'ài	形	かわいい			
穿 chuān	動	着る	作业 zuòyè	名	宿題
西装 xīzhuāng	名	背広	一会儿 yíhuìr	名	少しの間、しばらく
系 jì	動	結ぶ、締める			

1 次の中から最も適当な言葉を選んで（　　）に入れなさい。

［在　　来　　把　　着　　给　　对］

① 我（　　）照张相吧。 ② 妈妈（　　）我的衣服带来了。

③ 我带（　　）相机呢。 ④ 那本漫画（　　）我看看吧。

2 次の中国語を日本語の意味に合うように並べ替えなさい。

① 私は部屋をきれいに掃除しました。

我　打扫　房间　干净　把　了

② 彼はパソコンを持っています。

呢　他　电脑　着　带

③ 彼は宿題を書き終えました。

把　他　写　作业　完　了

④ 春にたくさんの人が花見に来ます。

很多　春天　赏樱　人　来

3 次のピンインを中国語の漢字に直し、日本語に訳しなさい。

① Dōngtiān de xiàoyuán yě hěn měi.

漢字：＿＿＿＿＿＿＿＿＿＿＿　　日本語訳：＿＿＿＿＿＿＿＿＿＿

② Wǒ lái zhào zhāng xiàng.

漢字：＿＿＿＿＿＿＿＿＿＿＿　　日本語訳：＿＿＿＿＿＿＿＿＿＿

③ Bǎ zhàopiàn gěi wǒ kànkan ba.

漢字：＿＿＿＿＿＿＿＿＿＿＿　　日本語訳：＿＿＿＿＿＿＿＿＿＿

④ Tā chuānzhe xīzhuāng.

漢字：＿＿＿＿＿＿＿＿＿＿＿　　日本語訳：＿＿＿＿＿＿＿＿＿＿

4 次の日本語を中国語に訳しなさい。

① 今日はまるで春のようです。

_____

② 窓が開いています。

_____

③ あの子供はなんとかわいいのでしょう。

_____

④ 私は週に2回アルバイトをします。

_____

B52 *5* 次の質問に実際の状況に基づき、中国語で答えなさい。

① _____

② _____

③ _____

④ _____

第十三课　上学　交通
Dì shísān kè

Shàngxué jiāotōng

B53 **会话文**

田中
你　怎么　来　学校？
Nǐ　zěnme　lái　xuéxiào?

铃木
我　先　坐　电车，再　换　公交车。你　呢？
Wǒ　xiān　zuò　diànchē,　zài　huàn　gōngjiāochē.　Nǐ　ne?

田中
我　一般　骑　自行车　来。
Wǒ　yìbān　qí　zìxíngchē　lái.

铃木
真　羡慕　你！
Zhēn　xiànmù　nǐ!

田中
你　怎么　不　骑　摩托车　呢？
Nǐ　zěnme　bù　qí　mótuōchē　ne?

铃木
上个　月　被　撞坏　了。
Shàngge　yuè　bèi　zhuànghuài　le.

田中
你　有　驾照，开车　来　多　方便　啊。
Nǐ　yǒu　jiàzhào,　kāichē　lái　duō　fāngbiàn　a.

铃木
我　妈妈　不　让　我　开车。
Wǒ　māma　bú　ràng　wǒ　kāichē.

新出語句

上学 shàngxué	動	学校に行く、通学する	
交通 jiāotōng	名	交通	
先 xiān	副	まず	
电车 diànchē	名	電車	
换 huàn	動	変える	
公交车 gōngjiāochē	名	バス	
一般 yìbān	形	普通である、一般的である	
骑 qí	動	乗る	
自行车 zìxíngchē	名	自転車	
羡慕 xiànmù	動	うらやむ	

怎么 zěnme	代	なぜ
摩托车 mótuōchē	名	オートバイ
被 bèi	前	～に…される
撞 zhuàng	動	ぶつかる、ぶつける
坏 huài	動	壊れる
驾照 jiàzhào	名	"驾驶执照"の略。運転免許
开车 kāichē	動	車を運転する
方便 fāngbiàn	形	便利である
让 ràng	動・前	～させる、～にされる

文 法

1 "先…再…"

「まず～、それから…」

爷爷先去散步，再去下象棋。　Yéye xiān qù sànbù, zài qù xià xiàngqí.

我想先买床，再买沙发。　Wǒ xiǎng xiān mǎi chuáng, zài mǎi shāfā.

我先吃饭，再洗澡。　Wǒ xiān chī fàn, zài xǐzǎo.

2 "怎么"（2）

「なぜ～」「どうして～」

今天的约会你怎么忘了？　Jīntiān de yuēhuì nǐ zěnme wàng le?

她怎么不来？　Tā zěnme bù lái?

今天怎么这么热？　Jīntiān zěnme zhème rè?

3 "被"

受け身を表す。「A は（B）に～される」

我被雨淋了，感冒了。	Wǒ bèi yǔ lín le, gǎnmào le.
奶奶的钱包被偷了。	Nǎinai de qiánbāo bèi tōu le.
你被老师批评了吗?	Nǐ bèi lǎoshī pīpíng le ma?

4 使役文 "让" "叫"

「A は（B）に～させる」

老师让我们背单词。	Lǎoshī ràng wǒmen bèi dāncí.
医生不让爷爷抽烟。	Yīshēng bú ràng yéye chōu yān.
你妈妈叫你做什么?	Nǐ māma jiào nǐ zuò shénme?

補充語句

爷爷 yéye	名 （父方の）おじいさん、祖父	淋 lín	動 濡れる
床 chuáng	名 ベッド	感冒 gǎnmào	動 風邪を引く
沙发 shāfā	名 ソファー	奶奶 nǎinai	名 （父方の）おばあさん、祖母
吃饭 chī fàn	動 ご飯を食べる、食事をする	钱包 qiánbāo	名 財布
洗澡 xǐzǎo	動 シャワーをあびる、お風呂に入る	偷 tōu	動 盗む
		批评 pīpíng	動 叱る
约会 yuēhuì	名 約束、デート	背 bèi	動 暗記する
忘 wàng	動 忘れる	单词 dāncí	名 単語
这么 zhème	代 こんなに	医生 yīshēng	名 医者
雨 yǔ	名 雨	叫 jiào	動・前 ～させる、～にされる

ドリル

1 次の中から最も適当な言葉を選んで（　　）に入れなさい。

［被　　怎么　　又　　给　　从　　让］

① 你（　　）来大学?

② 妈妈不（　　）我骑摩托车。

③ 她（　　）自行车撞了。

④ 你怎么（　　）感冒了?

2 次の中国語を日本語の意味に合うように並べ替えなさい。

① お母さんは私に野菜を買いに行かせます。

　　妈妈　买　我　让　蔬菜　去

② おじいさんの財布は盗まれました。

　　爷爷　被　了　的　钱包　偷

③ なぜ部屋を掃除しないのですか。

　　怎么　不　房间　你　打扫

④ まず宿題をして、それからご飯を食べようと思います。

　　想　作业　再　写　我　吃饭　先

3 次のピンインを中国語の漢字に直し、日本語に訳しなさい。

① Nǐ jiā lí xuéxiào yuǎn ma?

漢字：＿＿＿＿＿＿＿＿＿＿＿　日本語訳：＿＿＿＿＿＿＿＿＿＿＿

② Wǒ de mótuōchē bèi zhuànghuài le.

漢字：＿＿＿＿＿＿＿＿＿＿＿　日本語訳：＿＿＿＿＿＿＿＿＿＿＿

③ Bàba bú ràng wǒ chōu yān.

漢字：＿＿＿＿＿＿＿＿＿＿＿　日本語訳：＿＿＿＿＿＿＿＿＿＿＿

④ Nǐ zěnme lái le?

漢字：＿＿＿＿＿＿＿＿＿＿＿　日本語訳：＿＿＿＿＿＿＿＿＿＿＿

4　次の日本語を中国語に訳しなさい。

① 私の自転車は盗まれました。

② 私の家は大学から非常に遠いです。

③ おじいさんは私にアルバイトをさせてくれません。

④ まず中国語を勉強して、それから中国に行きたいと思います。

5　次の質問に実際の状況に基づき、中国語で答えなさい。

①

②

③

④

第十四课 课余 打工
Dì shísì kè Kèyú dǎgōng

B61 会话文

铃木 刚才 给 你 打 电话, 你 怎么 没 接?
Gāngcái gěi nǐ dǎ diànhuà, nǐ zěnme méi jiē?

田中 我 正在 打工 呢。
Wǒ zhèngzài dǎgōng ne.

铃木 你 在 哪儿 打工?
Nǐ zài nǎr dǎgōng?

田中 在 车站 附近 的 加油站。
Zài chēzhàn fùjìn de jiāyóuzhàn.

铃木 除了 学习 以外, 还 要 打工, 累 不 累?
Chúle xuéxí yǐwài, hái yào dǎgōng, lèi bu lèi?

田中 还 可以。
Hái kěyǐ.

铃木 我 也 想 试 一下。 干 什么 好 呢?
Wǒ yě xiǎng shì yíxià. Gàn shénme hǎo ne?

田中 做 家教 挺 好 的, 在 餐厅 打工 也 不错。
Zuò jiājiào tǐng hǎo de, zài cāntīng dǎgōng yě búcuò.

新出語句

课余 kèyú	名	授業の余暇
打 dǎ	動	かける
电话 diànhuà	名	電話
接 jiē	動	つなぐ、つながる
正在 zhèngzài	副	ちょうど～している
在 zài	前	～で、～に
加油站 jiāyóuzhàn	名	ガソリンスタンド
除了 chúle	前	～を除いて、～するほか
以外 yǐwài	名	～のほかに
还 hái	副	さらに、その上

累 lèi	形	疲れる
试 shì	動	試す
一下 yíxià	数量	（動詞の後ろに置き）ちょっと～する
家教 jiājiào	名	家庭教師
挺 tǐng	副	とても、かなり、よく "挺…的" の形で使う
餐厅 cāntīng	名	レストラン

文　法

1　"（正）在…（呢）"

「ちょうど～しているところだ」

他正在收拾行李呢。　　Tā zhèngzài shōushi xíngli ne.
姐姐在准备明天的考试。　Jiějie zài zhǔnbèi míngtiān de kǎoshì.
爷爷在打太极拳呢。　　Yéye zài dǎ tàijíquán ne.

2　前置詞 "在"

動作の行われる場所を導く。「～で…（する）」

我先生在外地工作。　　Wǒ xiānsheng zài wàidì gōngzuò.
爸爸一般不在客厅看报。　Bàba yìbān bú zài kètīng kàn bào.
你喜欢在健身房运动吗?　Nǐ xǐhuan zài jiànshēnfáng yùndòng ma?

102

3　"除了…（以外），还（也）…"

既知のものを除き、それ以外のものを補う。「～のほか、～以外、さらに…」

除了爬山以外，我还喜欢跳舞。　　　　Chúle pá shān yǐwài, wǒ hái xǐhuan tiàowǔ.

今天的早饭，除了油条，还有豆浆。　　Jīntiān de zǎofàn, chúle yóutiáo, hái yǒu dòujiāng.

除了中国，日本也用汉字。　　　　　　Chúle Zhōngguó, Rìběn yě yòng Hànzì.

4　動詞＋"一下"

「ちょっと～する」

请看一下黑板。　　　　　　　　　　　Qǐng kàn yíxià hēibǎn.

我累了，想休息一下。　　　　　　　　Wǒ lèi le, xiǎng xiūxi yíxià.

这件大衣我可以试穿一下吗？　　　　　Zhè jiàn dàyī wǒ kěyǐ shìchuān yíxià ma?

補充語句

收拾 shōushi	動	片付ける	运动 yùndòng	動	運動する
行李 xíngli	名	荷物	爬 pá	動	登る
准备 zhǔnbèi	動	準備する	山 shān	名	山
考试 kǎoshì	名	試験	跳舞 tiàowǔ	動	ダンスをする
太极拳 tàijíquán	名	太極拳	油条 yóutiáo	名	あげパン
先生 xiānsheng	名	主人、ご主人	豆浆 dòujiāng	名	豆乳
外地 wàidì	名	地方	用 yòng	動	使う
客厅 kètīng	名	客間	黑板 hēibǎn	名	黒板
报 bào	名	新聞	大衣 dàyī	名	コート
健身房 jiànshēnfáng	名	スポーツジム	试穿 shìchuān	動	試着する

1 次の中から最も適当な言葉を選んで（　　）に入れなさい。

[一下　　在　　一点儿　　可以　　会　　给]

① 爷爷（　　）打太极拳呢。　　　② 昨天我（　　）妈妈打电话了。

③ 我想休息（　　）。　　　　　　④ 这件衣服我（　　）试试吗?

2 次の中国語を日本語の意味に合うように並べ替えなさい。

① 英語のほかに、私は中国語も勉強します。

　学习　以外　除了　还　我　汉语　英语

② 私は明日の試験の準備をちょっとしなければなりません。

　我　要　考试　一下　的　明天　准备

③ 彼はちょうどレストランで食事をしているところです。

　正　他　吃饭　餐厅　呢　在

④ 私は図書館で本を読みたいです。

　看　图书馆　我　在　书　想

3 次のピンインを中国語の漢字に直し、日本語に訳しなさい。

① Wǒ zài chēzhàn fùjìn de cāntīng dǎgōng.

漢字：＿＿＿＿＿＿＿＿＿＿　　日本語訳：＿＿＿＿＿＿＿＿＿＿

② Nǐ zài gàn shénme ne?

漢字：＿＿＿＿＿＿＿＿＿＿　　日本語訳：＿＿＿＿＿＿＿＿＿＿

③ Wǒ xiǎng xiūxi yíxià.

漢字：＿＿＿＿＿＿＿＿＿＿　　日本語訳：＿＿＿＿＿＿＿＿＿＿

④ Jīntiān nǐ xiǎng zài nǎr chī fàn?

漢字：＿＿＿＿＿＿＿＿＿＿　　日本語訳：＿＿＿＿＿＿＿＿＿＿

4 次の日本語を中国語に訳しなさい。

① さきほど彼に電話したのですが、彼は出ませんでした。

_____

② あなたはどこでアルバイトをしていますか。

_____

③ 昨日の6時にあなたは何をしていましたか。

_____

④ 私は家庭教師をしたいです。

_____

B68 **5** 次の質問に実際の状況に基づき、中国語で答えなさい。

① _____

② _____

③ _____

④ _____

第 十 五 课　暑假　旅游
Dì shíwǔ kè

Shǔjià   lǚyóu

B69 **会 話 文**

田中
暑假　你　想　去　哪儿　旅游？
Shǔjià   nǐ   xiǎng   qù   nǎr   lǚyóu?

铃木
我　哪儿　都　想　去。
Wǒ   nǎr   dōu   xiǎng   qù.

田中
我　以前　经常　看　中国　旅游　指南。
Wǒ   yǐqián   jīngcháng   kàn   Zhōngguó   lǚyóu   zhǐnán.

铃木
那　你　给　我　提　些　建议　吧！
Nà   nǐ   gěi   wǒ   tí   xiē   jiànyì   ba!

田中
咱们　边　看　旅游　指南　边　说　吧！
Zánmen   biān   kàn   lǚyóu   zhǐnán   biān   shuō   ba!

铃木
哇！　上海　的　夜景　真　迷人！
Wa!   Shànghǎi   de   yèjǐng   zhēn   mírén!

田中
苏州　的　园林　也　不错！
Sūzhōu   de   yuánlín   yě   búcuò!

铃木
黄山　的　云海　很　神奇！　都　想　去　啊！
Huángshān   de   yúnhǎi   hěn   shénqí!   Dōu   xiǎng   qù   a!

新出語句

暑假 shǔjià	名	夏休み		夜景 yèjǐng	名	夜景
以前 yǐqián	名	以前		迷人 mírén	形	人を夢中にさせる、魅力的である
指南 zhǐnán	名	手引き、案内、ガイドブック		苏州 Sūzhōu	名	〈地名〉蘇州（中国の有名な観光地）
提 tí	動	提起する、指摘する				
些 xiē	量	(不確定の数量を表す) いくつか、少し		园林 yuánlín	名	庭園
建议 jiànyì	名	提案、意見、アドバイス		黄山 Huángshān	名	黄山（中国安徽省にある山、景勝地、世界遺産）
(一)边…(一)边…		(yì)biān … (yì)biān … ～しながら…する		云海 yúnhǎi	名	雲海
哇 wa	感	(賞嘆の語気を表す) わー、あら		神奇 shénqí	形	不思議である、珍しい

文 法

1 疑問詞＋"都"

例外がないことを表す。

你什么时候都可以来。　　　　　　Nǐ shénme shíhou dōu kěyǐ lái.

谁都不知道。　　　　　　　　　　Shuí dōu bù zhīdào.

他哪儿都想去吗？　　　　　　　　Tā nǎr dōu xiǎng qù ma?

2 過去の事でも "了" がつかない

爷爷年轻时经常去旅游。　　　　　Yéye niánqīng shí jīngcháng qù lǚyóu.

他中学时经常参加田径比赛。　　　Tā zhōngxué shí jīngcháng cānjiā tiánjìng bǐsài.

你小时候喜欢跳绳吗？　　　　　　Nǐ xiǎoshíhou xǐhuan tiàoshéng ma?

3 二重目的語

「だれになにを〜する」

田中通知我们明天开会。	Tiánzhōng tōngzhī wǒmen míngtiān kāihuì.
张老师不教我们瑜伽。	Zhāng lǎoshī bù jiāo wǒmen yújiā.
他送你什么礼物?	Tā sòng nǐ shénme lǐwù?

4 "(一)边…(一)边…"

「〜しながら…する」

她(一)边走(一)边唱。	Tā (yì)biān zǒu (yì)biān chàng.
我(一)边听音乐(一)边写作业。	Wǒ (yì)biān tīng yīnyuè (yì)biān xiě zuòyè.
他(一)边看漫画(一)边喝咖啡。	Tā (yì)biān kàn mànhuà (yì)biān hē kāfēi.

補充語句

时候 shíhou	名	時	跳绳 tiàoshéng	動	縄飛びをする
知道 zhīdào	動	知る、分かる	通知 tōngzhī	動	知らせる、通知する
年轻 niánqīng	形	若い	开会 kāihuì	動	会議をする
中学 zhōngxué	名	中学校	教 jiāo	動	教える
参加 cānjiā	動	参加する	瑜伽 yújiā	名	ヨガ
田径 tiánjìng	名	陸上競技	送 sòng	動	送る、プレゼントする
比赛 bǐsài	名	試合			
小时候 xiǎoshíhou	名	幼い頃、子どもの頃			

1　次の中から最も適当な言葉を選んで（　　）に入れなさい。

[一边…一边…　　什么…都　　送　　经常　　哪儿…都　　一点儿]

① 姐姐（　　）我一枝钢笔。　　　　② 我小时候（　　）打乒乓球。

③ 她（　　）话（　　）说。　　　　④ 咱们（　　）看（　　）说吧。

2　次の中国語を日本語の意味に合うように並べ替えなさい。

① 私はどんなお酒でも飲みます。

酒　都　什么　我　喝

② 彼女は歌いながら踊ります。

跳舞　一边　她　唱歌儿　一边

③ 田中さんは私に漫画を1冊送ってくれました。

田中　我　漫画　一本　送

④ 彼は大学の時よくテニスをしました。

网球　时　经常　他　打　大学

3　次のピンインを中国語の漢字に直し、日本語に訳しなさい。

① Tā xiǎoshíhou xǐhuan tiàowǔ.

漢字：＿＿＿＿＿＿＿＿＿＿　　日本語訳：＿＿＿＿＿＿＿＿＿＿

② Tā duì shénme dōu yǒu xìngqù.

漢字：＿＿＿＿＿＿＿＿＿＿　　日本語訳：＿＿＿＿＿＿＿＿＿＿

③ Língmù jiāo wǒ Yīngyǔ.

漢字：＿＿＿＿＿＿＿＿＿＿　　日本語訳：＿＿＿＿＿＿＿＿＿＿

④ Wǒmen yìbiān bāo jiǎozi yìbiān liáotiānr.

漢字：＿＿＿＿＿＿＿＿＿＿　　日本語訳：＿＿＿＿＿＿＿＿＿＿

4　次の日本語を中国語に訳しなさい。

① 私は田中さんに蘇州の地図を 1 枚送ってあげました。

_____

② 彼はお茶を飲みながらテレビを見ます。

_____

③ 彼は子どもの頃漫画を読むのが好きでした。

_____

④ 彼は何でもできます 。

_____

B76 **5**　次の質問に実際の状況に基づき、中国語で答えなさい。

①_____

②_____

③_____

④_____

第 十六 课　　校庆　活动
Dì shíliù kè

Xiàoqìng huódòng

B77　会 話 文

铃木　校园　里　热闹　极了!
Xiàoyuán li　rènao　jíle!

田中　是　啊!　跟　去年　校庆　一样。
Shì　a!　Gēn　qùnián　xiàoqìng　yíyàng.

铃木　你　看!　礼堂　前　摆着　很　多　鲜花。
Nǐ　kàn!　Lǐtáng　qián　bǎizhe　hěn　duō　xiānhuā.

田中　广场　上　正在　举行　庆祝　活动　呢!
Guǎngchǎng shang zhèngzài jǔxíng qìngzhù huódòng ne!

铃木　大家　又　唱　歌儿　又　跳舞，真　快乐　啊!
Dàjiā　yòu　chàng　gēr　yòu　tiàowǔ,　zhēn　kuàilè　a!

田中　教育楼　前　有　很　多　小吃　摊儿。
Jiàoyùlóu　qián　yǒu　hěn　duō　xiǎochī　tānr.

铃木　我　想　吃　小笼包!
Wǒ　xiǎng　chī　xiǎolóngbāo!

田中　那　咱们　快　去　吧!
Nà　zánmen　kuài　qù　ba!

111

新出語句

校庆 xiàoqìng	名	学校の祝日、学園祭	
极了 jíle		（形容詞の後ろに置き）極めて〜	
跟…（不）一样 gēn …(bù) yíyàng		〜と（比べて）同じ（ではない）	
礼堂 lǐtáng	名	講堂	
摆 bǎi	動	置く、並べる	
鲜花 xiānhuā	名	生花	
广场 guǎngchǎng	名	広場	
举行 jǔxíng	動	挙行する、行う	

庆祝 qìngzhù	動	祝う、祝賀する
大家 dàjiā	名	みんな、皆さん
又…又… yòu…yòu…		〜でもあり〜でもある
教育楼 jiàoyùlóu	名	教育棟
小吃 xiǎochī	名	軽食
摊儿 tānr	名	露店
小吃 摊儿 xiǎochī tānr	名	屋台
小笼包 xiǎolóngbāo	名	小龍包（ショーロンポー）
快 kuài	副	急いで、早く

文　法

1　程度補語 "极了"

形容詞の後ろに置き、最高の程度を表す。

黄山的风景美极了。　　　　　　Huángshān de fēngjǐng měi jíle.

这个菜好吃极了。　　　　　　　Zhège cài hǎochī jíle.

教室里安静极了。　　　　　　　Jiàoshì li ānjìng jíle.

2　"跟…（不）一样"

「〜と（比べて）同じ（ではない）」

上海跟东京一样，都有梅雨季节。　Shànghǎi gēn Dōngjīng yíyàng, dōu yǒu méiyǔ jìjié.

这个背包跟你的有点儿不一样。　　Zhège bēibāo gēn nǐ de yǒudiǎnr bù yíyàng.

日本的汉字跟中国的一样吗？　　　Rìběn de Hànzì gēn Zhōngguó de yíyàng ma?

112

3 存現文

人や事物がある場所に存在、出現、消失することを表す。

外边儿刮风了。　　　　　　　　　Wàibianr guā fēng le.
我们班里有两个留学生。　　　　　Wǒmen bān li yǒu liǎng ge liúxuéshēng.
窗台上放着一盆花儿。　　　　　　Chuāngtái shang fàngzhe yì pén huār.

4 "又…又…"

「〜でもあり〜でもある」「〜したり〜したり」

十五的月儿又圆又亮。　　　　　　Shíwǔ de yuè'ér yòu yuán yòu liàng.
这个电脑又薄又轻。　　　　　　　Zhège diànnǎo yòu báo yòu qīng.
那座山又高又陡。　　　　　　　　Nà zuò shān yòu gāo yòu dǒu.

補充語句

菜 cài	名	料理	盆 pén	名	鉢
好吃 hǎochī	形	美味しい	花儿 huār	名	花
安静 ānjìng	形	静かである	月儿 yuè'ér	名	お月様
梅雨 méiyǔ	名	梅雨	圆 yuán	形	丸い
背包 bēibāo	名	リュック（サック）	亮 liàng	形	明るい
刮 guā	動	（風が）吹く	薄 báo	形	薄い
风 fēng	名	風	轻 qīng	形	軽い
班 bān	名	クラス、班、グループ	座 zuò	量	橋、山など比較的大型のもの、固定したものを数える
窗台 chuāngtái	名	窓の下部の台板、窓台	陡 dǒu	形	（傾斜が）急である、険しい
放 fàng	動	置く			

113

ドリル

1 次の中から最も適当な言葉を選んで（　　）に入れなさい。

　　　　［着　　跟…一样　　在　　又…又　　是…的　　极了］

　　① 他（　　）田中（　　），都感冒了。　　② 桌子上放（　　）一盆花。
　　③ 她（　　）会说汉语（　　）会说英语。　　④ 校园的红叶美（　　）。

2 次の中国語を日本語の意味に合うように並べ替えなさい。

　① 昨日は風が吹いたり雨が降ったりしていました。
　　 刮风　下雨　又　又　昨天
　② 田中さんは鈴木さんと同じく中国語を勉強しています。
　　 一样　田中　铃木　汉语　学习　跟
　③ キャンパスの中にはたくさんの桜があります。
　　 有　很多　校园　樱花　里
　④ 今年の夏はすごく暑かったです。
　　 夏天　极　今年　热　了

3 次のピンインを中国語の漢字に直し、日本語に訳しなさい。

　① Zhè běn shū hǎo jíle.

　　　漢字：＿＿＿＿＿＿＿＿＿＿＿＿＿　　　日本語訳：＿＿＿＿＿＿＿＿＿＿＿＿＿

　② Lǐtáng li yǒu gāngqín.

　　　漢字：＿＿＿＿＿＿＿＿＿＿＿＿＿　　　日本語訳：＿＿＿＿＿＿＿＿＿＿＿＿＿

　③ Dàjiā yòu chàng gēr yòu tiàowǔ, rènao jíle.

　　　漢字：＿＿＿＿＿＿＿＿＿＿＿＿＿　　　日本語訳：＿＿＿＿＿＿＿＿＿＿＿＿＿

　④ Zhège fángjiān gēn nàge yǒudiǎnr bù yíyàng.

　　　漢字：＿＿＿＿＿＿＿＿＿＿＿＿＿　　　日本語訳：＿＿＿＿＿＿＿＿＿＿＿＿＿

4 次の日本語を中国語に訳しなさい。

① 彼女の家にはお客さんがいます。

_____

② この講堂はあの講堂と同じく広いです。

_____

③ みんな歌ったり踊ったりします。

_____

④ この映画はとても素晴らしいです。

_____

B84 5 次の質問に実際の状況に基づき、中国語で答えなさい。

① _____

② _____

③ _____

④ _____

B85 **会 话 文**

铃木　你　去　北京　留学　了　吗?　怎么样?
　　　Nǐ　qù　Běijīng　liúxué　le　ma?　Zěnmeyàng?

田中　虽然　时间　不　长,　但是　收获　很　大。
　　　Suīrán　shíjiān　bù　cháng,　dànshì　shōuhuò　hěn　dà.

铃木　我　也　想　去　中国　留学。
　　　Wǒ　yě　xiǎng　qù　Zhōngguó　liúxué.

田中　你　可以　申请　奖学金。
　　　Nǐ　kěyǐ　shēnqǐng　jiǎngxuéjīn.

铃木　奖学金　名额　很　少!　考得上　吗?
　　　Jiǎngxuéjīn　míng'é　hěn　shǎo!　Kǎodeshàng　ma?

田中　你　成绩　很　好,　会　考上　的。
　　　Nǐ　chéngjì　hěn　hǎo,　huì　kǎoshang　de.

铃木　我　的　汉语　还　很　差。
　　　Wǒ　de　Hànyǔ　hái　hěn　chà.

田中　别　谦虚　了,　祝　你　成功!
　　　Bié　qiānxū　le,　zhù　nǐ　chénggōng!

新出語句

出国 chūguó	動	外国へ行く
留学 liúxué	動	留学する
虽然…但是… suīrán…dànshì…		～にもかかわらず…、～しかし…
收获 shōuhuò	名	収穫、成果
申请 shēnqǐng	動	申請する、応募する
奖学金 jiǎngxuéjīn	名	奨学金
名额 míng'é	名	定員
考得上 kǎodeshàng		受かることができる
成绩 chéngjì	名	成績
会…的 huì…de		～するであろう、～するはずである
考上 kǎoshang	動	(試験に)合格する
还 hái	副	まだ
别…了 bié…le		～するな
谦虚 qiānxū	動	へりくだる、謙遜する
成功 chénggōng	動	成功する

文　法

1　"虽然…但是…"

「～にもかかわらず…」「～しかし…」

他虽然没经验，但是工作很认真。　Tā suīrán méi jīngyàn, dànshì gōngzuò hěn rènzhēn.

他虽然很努力，但是结果不理想。　Tā suīrán hěn nǔlì, dànshì jiéguǒ bù lǐxiǎng.

地铁虽然方便，但是离大学太远。　Dìtiě suīrán fāngbiàn, dànshì lí dàxué tài yuǎn.

2　可能補語

結果実現の可能・不可能を表す。

他看得懂这个汉字。　Tā kàndedǒng zhège Hànzì.

这件事说不清楚。　Zhè jiàn shì shuōbuqīngchu.

青森方言你听得懂吗？　Qīngsēn fāngyán nǐ tīngdedǒng ma?

3 "会…的"

「〜するであろう」「〜するはずである」

这首歌儿他会唱的。	Zhè shǒu gēr tā huì chàng de.
放心吧，不会有问题的。	Fàngxīn ba, bú huì yǒu wèntí de.
睡觉前喝茶会失眠的。	Shuìjiào qián hē chá huì shīmián de.

4 "别…了"

「（これ以上）〜しないで」。禁止や制止を表す。

别担心了，会好的。	Bié dānxīn le, huì hǎo de.
别玩儿游戏了，快睡觉吧。	Bié wánr yóuxì le, kuài shuìjiào ba.
别哭了，那是开玩笑的。	Bié kū le, nà shì kāi wánxiào de.

補充語句

经验 jīngyàn	名	経験
认真 rènzhēn	形	まじめである、真剣である
努力 nǔlì	動	努力する、励む、力を注ぐ
结果 jiéguǒ	名	結果
理想 lǐxiǎng	形	理想的である、満足だ
看得懂 kàndedǒng		見て分かる
件 jiàn	量	こと、事件を数える
事 shì	名	こと
说不清楚 shuōbuqīngchu		はっきり言うことができない

青森 Qīngsēn	名	〈地名〉青森
方言 fāngyán	名	方言
听得懂 tīngdedǒng		聞いて分かる
首 shǒu	量	歌や詩を数える
问题 wèntí	名	問題
睡觉 shuìjiào	動	寝る
失眠 shīmián	動	眠れない
担心 dānxīn	動	心配する
玩儿 wánr	動	遊ぶ
游戏 yóuxì	名	ゲーム
哭 kū	動	泣く
开玩笑 kāi wánxiào		冗談をいう

1　次の中から最も適当な言葉を選んで（　　）に入れなさい。

　　　［虽然…但是　　会…的　　考得上　　别…了　　得］

① 你一定（　　　）成功（　　　）。

② （　　　）玩儿（　　　），快休息吧。

③ 这件衣服（　　　）很好，（　　　）有点儿贵。

④ 这个问题你说（　　　）清楚吗?

2　次の中国語を日本語の意味に合うように並べ替えなさい。

① 私は香港の言葉を聞いて分かります。

　　　得　我　话　听　香港　懂

② 明日彼女は学校に来るはずです。

　　　会　明天　的　她　学校　来

③ 時間は長くないですが得るものが多いです。

　　　但是　虽然　收获　不长　时间　很大

④ 雪が降り出したので車を運転しないでください。

　　　别　了　开车　雪　下　了

3　次のピンインを中国語の漢字に直し、日本語に訳しなさい。

① Bié shuì le, kuài qǐchuáng ba.

　　　漢字：＿＿＿＿＿＿＿＿＿＿　　日本語訳：＿＿＿＿＿＿＿＿＿＿＿

② Shuìjiào qián hē kāfēi huì shīmián de.

　　　漢字：＿＿＿＿＿＿＿＿＿＿　　日本語訳：＿＿＿＿＿＿＿＿＿＿＿

③ Tā suīrán méi jīngyàn, dànshì gōngzuò hěn rènzhēn.

　　　漢字：＿＿＿＿＿＿＿＿＿＿　　日本語訳：＿＿＿＿＿＿＿＿＿＿＿

④ Wǒ kàndedǒng zhèxiē Hànzì.

　　　漢字：＿＿＿＿＿＿＿＿＿＿　　日本語訳：＿＿＿＿＿＿＿＿＿＿＿

4 次の日本語を中国語に訳しなさい。

① 彼は大学に来るはずです。

_____

② 彼女は英語の映画を見て分かります。

_____

③ タバコを吸わないでください。

_____

④ この料理は高いけど、とても美味しいです。

_____

B92 *5* 次の質問に実際の状況に基づき、中国語で答えなさい。

①　_____

②　_____

③　_____

④　_____

第 十八 课 健康 饮食
Dì shíbā kè Jiànkāng yǐnshí

C02 **会 话 文**

铃木　哇!　你　的　便当　营养　太　丰富　了!
　　　Wa! Nǐ de biàndāng yíngyǎng tài fēngfù le!

田中　营养　对　健康　很　重要,　我　喜欢　自己　做　便当。
　　　Yíngyǎng duì jiànkāng hěn zhòngyào, wǒ xǐhuan zìjǐ zuò biàndāng.

铃木　一　看　就　有　食欲!　真　羡慕　你　会　做　饭!
　　　Yí kàn jiù yǒu shíyù! Zhēn xiànmù nǐ huì zuò fàn!

田中　你　吃　什么?
　　　Nǐ chī shénme?

铃木　老　样子,　罗森　的　饭团　和　炸鸡块。
　　　Lǎo yàngzi, Luósēn de fàntuán hé zhájīkuài.

田中　不　吃　蔬菜　对　身体　不　好,　你　应该　买　沙拉。
　　　Bù chī shūcài duì shēntǐ bù hǎo, nǐ yīnggāi mǎi shālā.

铃木　要是　我　也　会　做　菜　就　好　了。
　　　Yàoshi wǒ yě huì zuò cài jiù hǎo le.

田中　不　难。看　做　菜　的　APP,　你　一　学　就　会。
　　　Bù nán. Kàn zuò cài de APP, nǐ yì xué jiù huì.

C03 | **新出語句**

健康 jiànkāng	名	健康	
饮食 yǐnshí	名	飲食	
便当 biàndāng	名	弁当	
营养 yíngyǎng	名	栄養	
太…了 tài…le		とても〜、あまり にも〜過ぎる	
丰富 fēngfù	形	豊富である	
对 duì	前	〜に、〜に対して	
重要 zhòngyào	形	重要である	
自己 zìjǐ	代	自分	
一…就… yī…jiù…		〜するとすぐに…	

食欲 shíyù	名	食欲
老样子 lǎo yàngzi		相変わらず
罗森 Luósēn	名	ローソン
饭团 fàntuán	名	おにぎり
炸鸡块 zhájīkuài	名	唐揚げ
身体 shēntǐ	名	体
沙拉 shālā	名	サラダ
要是（如果）…就… yàoshi (rúguǒ)…jiù…		もし〜ならば…
难 nán	形	難しい
APP APP	名	携帯アプリ

文 法

C04 **1** "一…就…"

「〜するとすぐに…」

我一吃完午饭，就想睡觉。　　Wǒ yì chīwán wǔfàn, jiù xiǎng shuìjiào.

排练时，他一紧张就忘词。　　Páiliàn shí, tā yì jǐnzhāng jiù wàng cí.

我一听这首歌儿就开心。　　Wǒ yì tīng zhè shǒu gēr jiù kāixīn.

C05 **2** 前置詞"对"

「〜に」「〜に対して」。動作・行為の対象を明らかにする。

我对汉语的发音特别有兴趣。　　Wǒ duì Hànyǔ de fāyīn tèbié yǒu xìngqù.

这个餐厅的老板对客人很热情。　　Zhège cāntīng de lǎobǎn duì kèrén hěn rèqíng.

你对这件事怎么看?　　Nǐ duì zhè jiàn shì zěnme kàn?

3 "太…了"

「とても～」「あまりにも～過ぎる」

这本漫画太有意思了。	Zhè běn mànhuà tài yǒu yìsi le.
这个菜太好吃了。	Zhège cài tài hǎochī le.
这款手机太贵了。	Zhè kuǎn shǒujī tài guì le.

4 "要是（如果）…（的话），就…"

「もし～ならば…」

要是你有时间，咱们就一起去吧。	Yàoshi nǐ yǒu shíjiān, zánmen jiù yìqǐ qù ba.
要是明天下雨，我就改天去。	Yàoshi míngtiān xià yǔ, wǒ jiù gǎitiān qù.
要是便宜，我就买。	Yàoshi piányi, wǒ jiù mǎi.

補充語句

午饭 wǔfàn	名	昼食
排练 páiliàn	動	リハーサルをする
紧张 jǐnzhāng	形	緊張する
词 cí	名	セリフ
开心 kāixīn	形	楽しい
发音 fāyīn	名	発音
特别 tèbié	副	特に

老板 lǎobǎn	名	オーナー、主人
热情 rèqíng	形	親切である
有意思 yǒu yìsi		おもしろい
款 kuǎn	量	デザインの種類を数える
改天 gǎitiān	副	日を改めて

1 次の中から最も適当な言葉を選んで（　　）に入れなさい。

　　[太…了　　対　　一…就…　　也　　一边…一边　　要是…就…]

① 你（　　）累了,（　　）回家休息吧。
② 妈妈（　　）回家,（　　）做饭。
③ 我（　　）卡拉 OK 没兴趣。
④ 今天天气（　　）冷（　　）！

2 次の中国語を日本語の意味に合うように並べ替えなさい。

① 私は太極拳に興味があります。
　　有兴趣　很　对　我　太极拳
② この映画は本当におもしろかった！
　　这　电影　太　了　个　有意思
③ この料理は、見るとすぐ食べたくなります。
　　一　想　看　菜　这个　就　吃
④ もし行きたくなかったら、行かないで。
　　想　你　不　去　要是　去　别　就

3 次のピンインを中国語の漢字に直し、日本語に訳しなさい。

① Zhè jiàn yīfu tài guì le.

　　漢字：＿＿＿＿＿＿＿＿＿＿＿　　日本語訳：＿＿＿＿＿＿＿＿＿＿＿

② Tā duì wǒ hěn hǎo.

　　漢字：＿＿＿＿＿＿＿＿＿＿＿　　日本語訳：＿＿＿＿＿＿＿＿＿＿＿

③ Yàoshi nǐ bú qù, wǒ jiù qù.

　　漢字：＿＿＿＿＿＿＿＿＿＿＿　　日本語訳：＿＿＿＿＿＿＿＿＿＿＿

④ Yì xué jiù huì.

　　漢字：＿＿＿＿＿＿＿＿＿＿＿　　日本語訳：＿＿＿＿＿＿＿＿＿＿＿

4　次の日本語を中国語に訳しなさい。

① ご飯を食べないのは体に悪いですよ。

_____

② もし彼女も参加できたらよいのですが。

_____

③ このパソコンは高すぎます。

_____

④ 私は起きてすぐ来ましたよ。

_____

C09 5　次の質問に実際の状況に基づき、中国語で答えなさい。

①
_____

②
_____

③
_____

④
_____

第 十九 课　　快乐　圣诞
Dì shíjiǔ kè

快乐　圣诞
Kuàilè　Shèngdàn

C10 **会 話 文**

田中　圣诞节　快　到　了。　学习　报告　写完　了　吗？
Shèngdànjié kuài dào le. Xuéxí bàogào xiěwán le ma?

铃木　我　才　写完　一　篇。　头疼　死了！　你　呢？
Wǒ cái xiěwán yì piān. Tóuténg sǐle! Nǐ ne?

田中　上　周末　就　写完　了。　圣诞节　我　想　好好儿
Shàng zhōumò jiù xiěwán le. Shèngdànjié wǒ xiǎng hǎohāor

玩儿！
wánr!

铃木　圣诞节　有　约会　吗？
Shèngdànjié yǒu yuēhuì ma?

田中　我　约了　朋友　去　迪士尼。
Wǒ yuēle péngyou qù Díshìní.

铃木　我　可以　一起　去　吗？
Wǒ kěyǐ yìqǐ qù ma?

田中　当然！　可　你　的　作业　能　做完　吗？
Dāngrán! Kě nǐ de zuòyè néng zuòwán ma?

铃木　向　你　学习！　我　就是　不　睡觉，　也　要　做完！
Xiàng nǐ xuéxí! Wǒ jiùshì bú shuìjiào, yě yào zuòwán!

C11 **新出語句**

圣诞节 Shèngdànjié 名　クリスマス
快…了 kuài…le 　　もうすぐ～
到 dào 動　着く
学习报告 xuéxí bàogào 名　学習レポート
才 cái 副　やっと、ようやく
头疼 tóuténg 形　困る、悩まされる
…死了 …sǐle 　　行為・状態が極点
　　　　　　　　に達していること。
　　　　　　　　すっかり、とても、
　　　　　　　　ひどく～
上周末 shàng zhōumò 名　先週末

就 jiù 副　すでに、とっくに、
　　　　　　　　もう
好好儿 hǎohāor 副　ちゃんと、よく、
　　　　　　　　思う存分
约 yuē 動　誘う、約束する
迪士尼（乐园）Díshìní(lèyuán)
　　　　　　　 名　ディズニー（ランド）
可（是）kě(shì) 接　しかし
向 xiàng 前　～に向かって、
　　　　　　　　～へ、～に
就是…也… jiùshì…yě… たとえ～でも…

文　法

C12 **1　副詞 "才"**

「やっと」「ようやく」

我等了半个小时他才来。　Wǒ děngle bàn ge xiǎoshí tā cái lái.
超市晚上十点才关门。　Chāoshì wǎnshang shí diǎn cái guānmén.
我念了十几遍才记住。　Wǒ niànle shíjǐ biàn cái jìzhù.

C13 **2　副詞 "就"**

「すでに」「とっくに」「もう」

十二点集合，我十一点半就到学校门口了。

　　　　　　Shí'èr diǎn jíhé, wǒ shíyī diǎn bàn jiù dào xuéxiào ménkǒu le.

他高一就开始学习汉语了。　Tā gāoyī jiù kāishǐ xuéxí Hànyǔ le.
她们三年前就认识了。　Tāmen sān nián qián jiù rènshi le.

3 "就是⋯也⋯"

「たとえ～でも…」「かりに～でも…」

明天就是下雪也要去。	Míngtiān jiùshì xià xuě yě yào qù.
就是不留学也能学好汉语。	Jiùshì bù liúxué yě néng xuéhǎo Hànyǔ.
就是有钱我也不敢买。	Jiùshì yǒuqián wǒ yě bùgǎn mǎi.

4 前置詞 "向"

「～に向かって」「～へ」「～に」。後ろの名詞は抽象物や人を使用。

前边儿的红绿灯向左拐，就看见银行了。

Qiánbianr de hónglǜdēng xiàng zuǒ guǎi, jiù kànjiàn yínháng le.

我去向警察问一下路吧。	Wǒ qù xiàng jǐngchá wèn yíxià lù ba.
你有意见向我提吧。	Nǐ yǒu yìjiàn xiàng wǒ tí ba.

補充語句

等 děng	動	待つ
关门 guānmén	動	閉店する
念 niàn	動	声を出して読む
记住 jìzhù		しっかり覚える
集合 jíhé	動	集まる、集合する
门口 ménkǒu	名	入口
高一 gāoyī	名	高校一年
开始 kāishǐ	動	始まる、開始する
认识 rènshi	動	知り合う、知っている

学好 xuéhǎo		習得する、マスターする
不敢 bùgǎn	動	～する勇気がない
红绿灯 hónglǜdēng	名	信号
拐 guǎi	動	曲がる
看见 kànjiàn		目に入る、見える
警察 jǐngchá	名	警察
问路 wènlù		道を尋ねる
意见 yìjiàn	名	意見

1 次の中から最も適当な言葉を選んで（　）に入れなさい。

　　　［就　　可以　　就是…也…　　虽然…但是…　　才　　向］

① 你（　　）北走，就看见图书馆了。

② 他从五岁（　　）开始学习钢琴了。

③ 我走了两个小时（　　）到家。

④ 这件事，（　　）我一个人，我（　　）要做。

2 次の中国語を日本語の意味に合うように並べ替えなさい。

① 彼女は一昨日にはもう北京から帰って来ましたよ。

　　她　前天　北京　就　了　从　回来

② たとえ意見があったとしても、言う勇気がありません。

　　就是　意见　有　也　说　不敢

③ 弟は昨日の夜12時にやっと帰って来ました。

　　昨天　弟弟　才　十二　点　晚上　回来

④ 彼に「ありがとう」を言わなければいけません。

　　说　向　他　谢谢　要　我

3 次のピンインを中国語の漢字に直し、日本語に訳しなさい。

① Wǒmen yìqǐ qù Díshìní ba.

　　漢字：＿＿＿＿＿＿＿＿＿＿＿　　日本語訳：＿＿＿＿＿＿＿＿＿＿＿

② Wǒ zuótiān jiù xiěwán le.

　　漢字：＿＿＿＿＿＿＿＿＿＿＿　　日本語訳：＿＿＿＿＿＿＿＿＿＿＿

③ Wǒ shí'èr diǎn bàn cái qǐchuáng.

　　漢字：＿＿＿＿＿＿＿＿＿＿＿　　日本語訳：＿＿＿＿＿＿＿＿＿＿＿

④ Dàjiā dōu xiàng qián kàn!

　　漢字：＿＿＿＿＿＿＿＿＿＿＿　　日本語訳：＿＿＿＿＿＿＿＿＿＿＿

4　次の日本語を中国語に訳しなさい。

① 銀行は3時にはもう閉まっていました。

_____

② 彼が来ないとしても、私は行かなければなりません。

_____

③ 友達と一緒に思いっきり遊びたいです。

_____

④ 1時間待って、バスはやっと来ました。

_____

♪C17　**5**　次の質問に実際の状況に基づき、中国語で答えなさい。

①_____

②_____

③_____

④_____

第 二十 课　毕业　典礼
Dì èrshí kè　Bìyè　diǎnlǐ

C18 **会 話 文**

铃木　今天　是　毕业　典礼。　恭喜　你　毕业！
Jīntiān shì bìyè diǎnlǐ. Gōngxǐ nǐ bìyè!

田中　谢谢　你　特意　来　祝贺　我！
Xièxie nǐ tèyì lái zhùhè wǒ!

铃木　你　不但　鼓励　我，　而且　帮助　我　学　汉语。
Nǐ búdàn gǔlì wǒ, érqiě bāngzhù wǒ xué Hànyǔ.

田中　因为　你　努力，　所以　有了　这么　大　的　进步　啊！
Yīnwèi nǐ nǔlì, suǒyǐ yǒule zhème dà de jìnbù a!

铃木　我　觉得　汉语　越　学　越　有　魅力。
Wǒ juéde Hànyǔ yuè xué yuè yǒu mèilì.

田中　我　毕业　以后，　咱们　要　保持　联系　啊。
Wǒ bìyè yǐhòu, zánmen yào bǎochí liánxì a.

铃木　一定！　这个　送给　你，　为了　感谢　和　祝贺　你！
Yídìng! Zhège sònggěi nǐ, wèile gǎnxiè hé zhùhè nǐ!

田中　谢谢！　樱花　盛开　时，　我　一定　回来　看　大家！
Xièxie! Yīnghuā shèngkāi shí, wǒ yídìng huílai kàn dàjiā!

131

新出語句

毕业 bìyè	動	卒業する	
毕业典礼 bìyè diǎnlǐ	名	卒業式	
恭喜 gōngxǐ	動	おめでとう	
特意 tèyì	副	わざわざ	
祝贺 zhùhè	動	祝賀する	
不但…而且… búdàn…érqiě…		～だけでなく	
鼓励 gǔlì	動	励ます	
帮助 bāngzhù	動	助ける	
因为…所以… yīnwèi…suǒyǐ…		～なので、～だから（である）	

进步 jìnbù	動	進歩する	
觉得 juéde	動	感じる、～と思う	
越…越… yuè…yuè…		～であればあるほど…	
魅力 mèilì	名	魅力	
保持 bǎochí	動	保つ、維持する	
联系 liánxì	名・動	つながり、連絡する	
为（了）wèi(le)	前	～のために	
感谢 gǎnxiè	動	感謝する	
看 kàn	動	会う、訪ねる	

文 法

1 "不但…而且…"

「～のみならず、そのうえ…」

她不但细心，而且性格开朗。　　　Tā búdàn xìxīn, érqiě xìnggé kāilǎng.
他不但把蛋糕吃完了，而且把水果也吃光了。

　　　　　　　Tā búdàn bǎ dàngāo chīwán le, érqiě bǎ shuǐguǒ yě chīguāng le.
他不但自己不去，而且不让我去。　　Tā búdàn zìjǐ bú qù, érqiě bú ràng wǒ qù.

2 "因为…所以…"

「～なので」「～だから」。因果関係を表す。

她因为脚扭伤了，所以请假了。　　　Tā yīnwèi jiǎo niǔshāng le, suǒyǐ qǐngjià le.
因为不会，所以要努力学。　　　　　Yīnwèi bú huì, suǒyǐ yào nǔlì xué.
因为练习不够，所以表演时有点儿紧张。

　　　　　　　Yīnwèi liànxí búgòu, suǒyǐ biǎoyǎn shí yǒudiǎnr jǐnzhāng.

3 "越…越…"

「～すればするほど…」

魔术很有意思，越学越想学。　　　Móshù hěn yǒu yìsi, yuè xué yuè xiǎng xué.

放假越休息越想休息。　　　　　　Fàngjià yuè xiūxi yuè xiǎng xiūxi.

打工的地方离家越近越好。　　　　Dǎgōng de dìfang lí jiā yuè jìn yuè hǎo.

4 "为（了）"

「～のために」

我为了去留学，打工存钱。　　　　Wǒ wèile qù liúxué, dǎgōng cún qián.

我们都为这个结果高兴。　　　　　Wǒmen dōu wèi zhège jiéguǒ gāoxìng.

为了自己的梦想好好儿学习。　　　Wèile zìjǐ de mèngxiǎng hǎohāor xuéxí.

補充語句

细心 xìxīn	形	細かいところまで気が付く	请假 qǐngjià	動	休みを取る
性格 xìnggé	名	性格	够 gòu	動	足りる、十分である
开朗 kāilǎng	形	朗らかである	表演 biǎoyǎn	動	演じる
蛋糕 dàngāo	名	ケーキ	魔术 móshù	名	マジック
水果 shuǐguǒ	名	果物	放假 fàngjià	動	休みになる
吃光 chīguāng		食べきる	地方 dìfang	名	場所、ところ
脚 jiǎo	名	足	存钱 cún qián		貯金する
扭伤 niǔshāng	動	捻挫する	梦想 mèngxiǎng	名	夢

1 次の中から最も適当な言葉を選んで（　　）に入れなさい。

[越…越…　　離　　因为…所以…　　为了　　不但…而且…]

① 我（　　　　）看完了资料，（　　　　）写完了学习报告。
② 这个中国菜（　　）吃（　　）想吃。
③ 我哥哥（　　　）吃北京烤鸭去了北京。
④ 我（　　）感冒，（　　）请假了。

2 次の中国語を日本語の意味に合うように並べ替えなさい。

① 旅行に行くため、車の運転を習いたいです。
　　　为　开车　旅游　了　我　想　去　学
② マジックは習えば習うほどおもしろくなります。
　　　越　学　有意思　越　魔术
③ この服はきれいなだけではなく、とても安いです。
　　　不但　很　漂亮　衣服　而且　这件　便宜
④ 遠すぎるから、私は行きたくありません。
　　　我　太远了　因为　不　想　所以　去

3 次のピンインを中国語の漢字に直し、日本語に訳しなさい。

① Zánmen bǎochí liánxì a.

漢字：＿＿＿＿＿＿＿＿＿＿＿＿　　日本語訳：＿＿＿＿＿＿＿＿＿＿＿＿

② Yīnwèi hěn piányi, suǒyǐ mǎi le.

漢字：＿＿＿＿＿＿＿＿＿＿＿＿　　日本語訳：＿＿＿＿＿＿＿＿＿＿＿＿

③ Wǒ búdàn méiyǒu qián, érqiě méiyǒu shíjiān.

漢字：＿＿＿＿＿＿＿＿＿＿＿＿　　日本語訳：＿＿＿＿＿＿＿＿＿＿＿＿

④ Wǒ yuè kàn yuè xǐhuan.

漢字：＿＿＿＿＿＿＿＿＿＿＿＿　　日本語訳：＿＿＿＿＿＿＿＿＿＿＿＿

4　次の日本語を中国語に訳しなさい。

① 彼女は中国語を話せるだけではなく、とても上手です。

　　_____

② 中国語は学べば学ぶほど魅力を感じます。

　　_____

③ ご飯を作りたくないからおにぎりを買いました。

　　_____

④ 自分の夢のために、しっかり学ばなければいけません。

　　_____

5　次の質問に実際の状況に基づき、中国語で答えなさい。

① _____

② _____

③ _____

④ _____

語句索引

各課の「新出語句」「補充語句」「文法」の語句を、ピンイン順に並べました。
数字はページ数を表します。

主　編：

汪　鴻祥
　　復旦大学専任講師、東京大学研究員、創価大学教授などを経て、
　　現在復旦大学日本研究センター兼任研究員、創価大学客員研究員

編集委員〈五十音順〉：

汪　鴻祥

裘　雲青

呉　英偉

佐藤素子

曹　妙娥

張　恕茗

イラスト：長岡理恵
表紙デザイン：富田淳子

大学生会話 中国語基礎　● 音声ダウンロード ●

2019 年 3 月 20 日　初版発行
2024 年 3 月 10 日　6 刷発行

編著者　『大学生会話 中国語基礎』編集委員会
主　編　汪 鴻祥
発行者　佐藤和幸
発行所　白 帝 社
　　　　〒 171-0014 東京都豊島区池袋 2-65-1
　　　　TEL　03-3986-3271
　　　　FAX　03-3986-3272（営）／03-3986-8892（編）
　　　　https://www.hakuteisha.co.jp

組版・印刷　倉敷印刷㈱ ／製本　㈱ティーケー出版印刷

Printed in Japan 〈検印省略〉6914　　　ISBN978-4-86398-316-8
＊定価は表紙に表示してあります